先带人心，后带团队

让团队发自内心地追随你，与你一起战斗！

贾琦◎编著

文化发展出版社
Cultural Development Press

图书在版编目（CIP）数据

先带人心，后带团队 / 贾琦编著. — 北京 : 文化发展出版社有限公司, 2017.10
ISBN 978-7-5142-1945-6

Ⅰ. ①先… Ⅱ. ①贾… Ⅲ. ①企业管理—管理心理学 Ⅳ. ①F272-05

中国版本图书馆CIP数据核字（2017）第238576号

先带人心，后带团队
编　　著：贾　琦

责任编辑：肖润征
特约编辑：张　亮
封面设计：刘红刚
出版发行：文化发展出版社（北京市翠微路2号）
网　　址：www.wenhuafazhan.com
经　　销：各地新华书店
印　　刷：三河市冀华印务有限公司

开　　本：700mm×980mm　1/16
字　　数：226千字
印　　张：19
版　　次：2017年12月第1版
印　　次：2018年4月第2次印刷
ISBN：978-7-5142-1945-6
定　　价：42.80元

序　言

人们每天都在说话，然而很多人并不懂得沟通之道。常言说：“两年胳膊三年腿，十年难磨一张嘴。”由此可见，沟通是一项看似简单其实并不容易掌握的技巧。同样一个意思，有人说得动听入耳，让人忍不住表示赞同；有人说得犀利刺耳，让人无法接受；有人说得云山雾罩，让人不明就里……为何会产生如此大的差异呢？这正是由沟通技能的高低决定的，而沟通的核心在于是否打动了对方的心，这是管理者带好团队的先决要素。难怪美国成功学大师戴尔·卡耐基会说：“当今社会，一个人的成功，仅仅有15%取决于技术知识，而其余的85%则取决于口才艺术。”

现在很多团队的管理者，在和下属沟通时都会遇到这样的问题：下属缺乏工作积极性，下属没有按照命令去执行，下属不知道该做哪些事、不该做哪些事，下属对管理者有明显的抵触心理……为什么会出现这种情况？一些管理者认为是下属自身有问题，不愿意服从管教，不愿意完善自我，责任全在对方，其实这是在推卸责任。下属为何不服从管理？虽然不排除下属自身确实存在问题，但很多时候，这种上下级之间的矛盾与隔阂源自沟通。沟通的首要目的是打开隔阂、获得人心，这样才能真正起到带领团队的作用。

管理者是否考虑过这样几个问题：我是否了解下属的想法？我说的

话是否具有权威性？我是否做到了言出必行？我是否准确表明了我的意图？我是否以开诚布公的态度和下属交流……假设答案是否定的或者是不确定的，这就证明管理者和下属之间存在着沟通障碍，不仅会造成彼此之间的误会，甚至还可能让沟通双方产生隔阂和矛盾。那么，如何改变这种情况呢？

在市场竞争日益激烈的今天，只有整合团队优势资源，集中并调动全体员工之力，才能在竞争中崭露头角，获得最后的胜利。管理者要想打造并领导一支优秀的团队，必须通过良好的沟通技能去打开下属的心扉，增进彼此的感情，只有在和下属的交流中注入情感关爱、话术技巧、心理学知识等元素，才能提升沟通效率，赢得人心，提高团队的心气、干劲和正能量。

成功的沟通话术是取之不尽、用之不竭的宝贵财富。能够帮助管理者展示个人风采，建立个人威信，得到下属长久、坚定的支持；能让管理者适应各种环境，从容面对意外，带领团队成员攻坚克难。只有当管理者追求“一语百步音，一言力万钧”的沟通效果时，才能让自己说的每一句话都打动人心，带动团队。

本书旨在帮助管理者增强和下属沟通的能力，为了阐述理论列举了大量的职场话术案例，创设了多种上下级沟通的常见情境，能够给管理者提供类别丰富、内容详尽的学习素材，同时对渴望学习沟通技能的人来说，也有一定的参考和借鉴价值。

目录

第五章　把夸奖转化为团队生产力

第六章　改造问题下属，消除团队短板

第七章　用幽默协调团队关系

第八章 沟通做好，团队不倒

Win Their Hearts, Before Calling It Your Team

第一章
所谓会带人，就是懂沟通

管理者不是神，精明强干的下属也不是神，但是人和人之间如果截长补短、同舟共济，心用在一处，力使在一点，就能创造出超越神的业绩。

1. 不和谐的沟通氛围产生抵触情绪

在一个团队中，无论是上下级之间的沟通，还是平级之间的沟通，其重要性不言而喻，这已经成为现代企业管理的共识。不过很多时候，沟通却没有达到预期的效果。一些管理者开始反思，是沟通技巧出了问题，还是命令传达得不够精确？其实这只是沟通不畅的两种情况。还有一种情况常被管理者忽视，那就是沟通氛围不够和谐。

那么，什么是沟通氛围？就是沟通的大环境、软环境。一切沟通技巧都要立足于这个环境。如果环境差，那么沟通双方一开始就会存在隔阂，甚至站在对立面，某一方会心存抵触。在这样的前提下，再高超的沟通技巧都如同在沙漠上盖楼，顷刻间就会倒塌。管理者需要先打通和下属之间相隔的心理障碍，才能让他们和整个团队实现思想和认识上的统一。

归根结底，沟通氛围就是团队内部沟通机制是否正常的体现。任何一种沟通机制都是为了增强下属和管理者之间的联系，它是桥梁和媒介。而只有植根于良性沟通氛围的交流，才能增进团队内部的想法交换，才能促进团队的发展。特别是对于管理者来说，良好的沟通氛围能够间接提高下属的工作效率，还能借此了解下属的思想动态，继而关注他们的内心成长和能力培养。

如果把沟通机制看成是一座桥梁，那么桥梁两边的风景就是沟通氛围，氛围不一定起到决定性作用，但会影响沟通的效果。有些管理者总是错误地认为，只要把话说明白了，意思点到了，剩下的就全靠下属自己理解了，理解好了皆大欢喜，理解不好自己也没有责任。其实，这是一种很危险的想法，只会加大下属在沟通时的抵触情绪。

很多时候，下属能明白你的意思，也能按照你的意思去做，但因为沟通氛围不好，会直接影响到他们的情绪，让他们拒绝向你敞开心扉，固化他们的原有思想，从而朝着恶性的方向发酵，时间越长，危害性也就越大。那么，怎样营造良好的沟通氛围？答案是两个字——“悦人”。

所谓“悦人”，就是让下属感到喜悦，但并非是取悦。有些管理者能够和下属聊得很开心，在于他们能够找到切入点，换句话说就是“自来熟”，对那些新下属或者很少接触的老下属，管理者也能聊得像熟人一样；而有些管理者的话术就显得生硬和别扭，过于单刀直入，不给下属预留出缓冲时间，沟通的效果自然不会太好。

有人认为，话术也是一种天赋。或许有这层原因，但绝非是主要原因，我们仍然有掌握这种沟通技巧的可能。既然是“悦人”，首先不能让对方感到压抑，总结起来就是六个字：微笑、问候、夸奖。

有些管理者认为微笑很简单，谁都会，其实不然。很多人在面对家人时也许是面带微笑，但面对下属的时候却是板着脸，死气沉沉，或者是带着一丝假笑，反而让人觉得不舒服。有些管理者还会因此诡辩：

作为一个团队的负责人，每天顶着沉重的业绩压力和竞争压力，怎么可能轻松起来？其实这是在找借口，只要你每天都在工作，压力就永远存在，难道每天都要一脸死相吗？更何况，管理者和下属之间进行沟通也是工作的一部分。你不是发愁下个月的业绩指标吗？你不是担心竞争对手的策略高过你吗？为什么不跟下属好好沟通，让他们跟你一条心，并肩战斗呢？

常言道，相随心生，境由心造。一个人的心态改变了，面相也会跟着改变，当管理者摆正和下属的关系，才会发自内心地微笑，才能感染下属的情绪，让他们体验到愉悦。当你面带微笑和下属沟通时，微笑会拉近你们之间的距离，会建立更深厚的信任感和更坚实的安全感，只有把这些积极的情绪传递给下属，他们才愿意敞开心扉和你交流。

除了微笑之外，还要懂得问候。很多管理者面对下属的时候往往会忽略这个环节，以为都在一个团队里，平时抬头不见低头见，根本不需要问候，甚至觉得问候是浪费时间。这自然也是一种错误的想法。身为管理者，问候下属的近况，其实是在试探和了解他们的情绪，还能够起到稳定人心的作用。因为只有摸清对方的情绪，才能预估沟通的效果。比如，当你夸赞“这几天气色不错”时，如果下属回应“最近其实也不好，睡眠不足”，这就说明下属有了心事和压力，你就要通过接下来的沟通了解症结所在，判断是否跟当天沟通的话题有关，做好心理准备才有利于提高沟通的效率。问候环节除了有试探的作用外，还能帮助下属释放紧张情绪，特别是处于工作状态中的下属，突然被叫到上司的办公室，心中难免有些忐忑。

当然，也有特殊情况不需要问候的，一种是和下属关系非常熟，尤其是私人关系比较好的，还有一种就是管理者拥有绝对掌控力，不需要探知对方情绪的。

微笑和问候环节结束后，便是最重要的一个环节——夸奖。夸奖是一门学问，也是一门艺术。管理者对下属要恰当而不是盲目地夸奖，而且要根据不同的沟通对象采用不同的夸奖策略。比如，面对年轻的女下属可以夸奖气色好、皮肤好（但要注意彼此的性别和措辞，免得产生误会），对追随多年的老下属要夸奖其资历、功劳以及回忆过往……夸奖同样能够缓解下属的紧张或者抵触情绪，能够让管理者“变得”更平易近人，当然最重要的是给予下属自信，因为和下属的很多沟通内容都与分配任务、完成指标有关，所以确保沟通氛围的轻松就显得十分重要。

当一个管理者能够保持发自内心的微笑、采用巧妙灵活的问候、给予对方恰如其分的夸奖时，就建立了“悦人”的沟通氛围，排除了下属抵触情绪的干扰，为沟通的成功奠定了基础。“悦人”的最终目的，是让管理者和下属实现心与心的对接，将管理者的正面情绪传送给下属，从而带动整个团队的正向情绪。

“悦人”不仅包含着上述三个环节，也需要一个实施的软环境——建立幽默和谐的交流氛围。当管理者和下属沟通时，可以适当地穿插一些接地气的流行词语。如面对年轻的下属可以多使用一些网络用语，只要使用得当就能增强沟通效果，刺激下属和你交流的欲望，而不是一个唠叨，另一个忍受。幽默的聊天氛围需要语言艺术来铺垫，也是一门探知人心的科学。一个放松的沟通氛围，对下属能产生激励效果，能让他们充分享受语言的艺术，消除陌生感、距离感和等级感，让团队的人际关系更和谐。

“悦人”的最高境界，是让下属从内心深处感到喜悦，这里有个小案例。

一个公司的经理和下属在路上巧遇，经理主动和下属打招呼并亲切问候，没想到下属牢记了这一幕。在他看来，虽然这对经理而言只是一个不经意的行为，他却感到了一丝温暖，甚至从经理的话语中感受到自己之前为公司所做的一切都得到了认可。于是从这天起，这位下属工作起来更加卖力，最后也受到了高层的表扬。当他升职为部门负责人之后，每次和下属谈话都是旁征博引，妙语连珠。不仅谈论工作，还谈论彼此的生活和兴趣爱好，让很多和他沟通过的下属都受到了鼓舞，增强了团队的凝聚力。越来越多的下属在沟通时敢于表达自己的想法，有人甚至提出了有益的建议。

从这个案例中可以看出，那位经理的一句问候其实只是出于礼貌，但是给予了下属良好的沟通氛围，这种氛围会产生“光环效应”，也就是之后无论谈及何种话题，下属都能够认真聆听、虚心接受，由此增强了他和上司之间的互动，消除了抵触情绪，也提升了他的忠诚度。

建立良好的沟通氛围，也要注意沟通的具体形式。比如沟通场合的人数划分，通常有一对一、一对多、多对一和多对多四种。一对一时，下属最容易紧张，但是作为管理者有自由发挥的空间来安抚下属，特别是聊工作之外的话题来拉近距离；一对多时，下属一般不会紧张，但管理者要注意措辞，要一句话照顾到所有人，万不可表现出对某个人的偏爱或者冷漠；多对一时，下属同样会很紧张，这时要在多个管理者之间营造轻松的氛围，比如互相开个小玩笑等，减轻下属的压力；多对多时比较复杂，管理者可以在沟通前互相通通气，给谈话确定一个基本的调子，创造出平等、融洽的沟通氛围。

作为团队的管理者，每天都要处理很多复杂和烦琐的工作，因此必须保持清晰的逻辑思维。一个优秀的管理者除了要尽可能地消除下属的抵触情绪之外，还要弄清下属的个人工作目标和真实意图，要让他们明确如何为团队工作，这才是营造良好沟通氛围的最终目的。只有当抵触情绪被驱散之后，下属的工作积极性才会被充分调动起来，与团队同呼吸、共命运。

2. 不了解下属需求，注定失去人心

人活着就会有各种不同的需求，有物质层面的，也有精神层面的。同理，一个团队要想凝聚全体成员为共同目标奋斗，就要满足团队成员的需求，这是一个优秀团队必备的条件，也是推动团队长期稳定发展的动力。

下属进入一个团队，除了满足他们最基本的生存需求之外，还有其他需求，而这些是很多管理者容易忽略的。根据马斯洛的需求理论来看，人的需求是从低层走向高层，相对地，人的激励状态也受制于所对应的需求是否得到满足，充分满足就会被完全激励，不充分满足就会被不完全激励，激励的状态直接关系到团队是否赢得人心。

不同的团队成员，会处于不同的需求层次，其需求的强烈程度也有差异。对于管理者来说，只有充分了解下属的不同层次的需求，才能掌握激励他们的办法。如果将马斯洛的五大需求运用在团队中，可以分为五个层次。

第一层次，生理需求。

每个人都有衣食住行的基本需求，只有衣食无忧才能考虑更高层次的东西，基本需求也是精神需求的前提。一般来说，那些物质生活得

到保障的下属，更容易安心工作、努力进取，更容易和团队谋求共同发展。作为管理者，应当努力为下属谋求相应的物质回报，让他们的生活得以维系并获得改善，他们才会全身心地投入工作中。

虽然生理需求是最低层次的需求，却关乎根本，因为生存问题高于一切。下属在团队中的付出和努力，其最基本和首要的目的是获得满意的薪资待遇，从而解决自身生存和生活的种种问题。团队有义务让成员的待遇高于其他团队，这样才能凸显团队的优越性，否则再美好的发展愿景都难以打动人心。

身为管理者，在和下属沟通时一定要将生理需求的满足当成一个话题。面对新下属时，要关心他们对试用期工资待遇的满意度，可以通过闲聊的方式进行试探。比如可以问新下属乘坐什么交通工具，是否结婚，父母的身体状况等，这样就能对他们的生理需求有所了解。对于那些能力较强、潜力较大的下属，就必须保证他们的物质生活稳定，才能将精英留在团队。面对老下属时，也要及时和他们沟通，了解他们个人生活的变化，比如是否要了二胎，是否打算为了孩子购买学区房等，当发现他们的经济生活承受压力之后，就可以根据他们的能力和贡献考虑提高待遇的问题。有些管理者对此视而不见，或者是等着下属主动提出才给涨工资，殊不知，很多时候等来的往往是一纸辞职信。这种消极态度对团队的人力资源建设极为不利。

第二层次，安全需求。

团队应当为成员打造安全工作和生产的健康环境，如果做不到这一点，就是在赚黑心钱，那种依靠不人道、不合法的方式压榨下属的行为是不可取的。当然，除了这个“硬件安全”之外还有“软件安全”，也就是和谐融洽的团队关系。任何一个人都害怕在团队中被孤立和攻击，这是他们能否长期和团队结为一体的关键，因此满足下属的安全需求是团队的最大责任。如果一个人工作在“四面受敌”的环境中，自然无法发挥他的才能，也不会和团队产生深度的联系，跳槽或者另立山头是早晚的事。作为管理者，要尽可能地表达出对下属生产安全和社交安全等问题的关注。要推出切实可行的保障措施，放在会上讨论。还应当构建和谐稳定的工作氛围，比如私下多打听团队成员之间的关系，如果发现有矛盾存在，必须尽早解决，将问题扼杀在萌芽状态。

第三层次，归属需求。

下属在团队中工作，在解决个人生产问题的同时，更渴望和团队建立长期的和谐关系，渴望在家庭之外有一个心灵归宿。而且下属对自身的劳动价值是有判断力的，如果不能达到预期，势必会对团队的管理者心灰意懒，甚至怀疑和敌视，就不会产生归属感。反过来看，一个不能让下属凝聚合力的团队，注定走不长远。团队的管理者应当让每一个下属在日常工作和业余活动中有充分交流的机会，让他们彼此建立并增进感情。比如可以组织一些拓展训练、郊游踏青等活动，让下属将团队当作家，将同事当作亲人。需要注意的是，管理者在和下属单独谈话时，可以适当插入一些个人生活话题，对有实际困难的下属进行帮助，对事业方向迷茫的下属进行开导和鼓励，让他们产生归属感，就会产生与团队共存亡的决心。

第四层次，被尊重的需求。

下属在团队中都希望被认可和赞扬，树立起他们的自尊心和自信心，这涉及团队的精神文化建设工作。团队应当是团队成员指路的明灯，让他们走出事业上的困境，专注个人能力的提升并获得尊重。这种对共同目标的渴望会塑造出更多的骨干，会让每一个成员不由自主地尊重团队和管理者。从另一个角度来看，一个在团队中自信满满的人，更有发挥其工作潜力的可能，也能带动身边人与其共勉，对团队整体战斗力的提升大有裨益。管理者应当向下属传递“有才者被尊重”“敬业者被尊重”诸如此类的观念，要在集体会议的时候表扬那些业绩突出、能力出众的下属，这样既满足了他们渴望被尊重的需求，又能激励其他下属通过自身努力去获得这种尊重。

第五层次，自我实现的需求。

每个人都有自己的职场理想，或许是拿到高薪，或许是获得高职。团队应该让成员依靠自身的业绩和口碑获得升职加薪的机会，管理者也应当甄别不同下属的自我实现区别，给予他们满足这些需求的空间和可能，让每一个下属都成为自己期望变成的人，这样他们才能帮助团队实现愿景。具体的话术措施是，管理者要多和处于这种需求层面的下属谈团队的未来发展和企业百年大计，让他们帮助企业设想发展的大方向。

一般来说，上述五大需求和下属的工作时间长短以及职位高低有一定关系。管理者要搞清下属的不同需求，采用对症下药的办法，才能有效地激发下属的工作潜能。下面我们通过一些分类来看如何去做。

第一类，新下属和低职位下属。

新下属刚来到一个团队，必然是先要保住饭碗，等到在团队立足之后，才会产生归属、自我实现等更高的要求。低职位下属虽然工作时间不短，但是由于收入不高，也会更多地考虑生存问题。所以尽量满足他们的物质需求，能多给的奖励尽量多给，不要用过多的精神奖励敷衍他们，在和他们聊天时多谈工作待遇和工作稳定等话题，给新下属和低职位下属吃“宽心丸”，让他们将更多的注意力放在工作上，从而确保团队整体的稳定性。

第二类，职位较高的下属。

高职位的下属一般工作年限较长，工资待遇相对较高，所以更看重归属、自我尊重等精神层面的需求，他们会留心自己处于何种发展阶段、是否被团队重视和上司认可。作为管理者要更多地尊重他们，多谈团队发展的未来和荣誉，多对他们的过往贡献做出肯定，为他们注入更多的活力和激情。

第三类，精英下属。

这一类人能力出众，在团队和企业中的贡献很大，既积累了财富也积累了口碑，是团队中的人生赢家，甚至可能是“一人之下万人之上”的重量级角色，他们更在意的是自我实现的价值，管理者应当将他们视为团队的精神共同体，让他们参与重要项目的策划，承担共同风险，他们才会更紧密地和团队连成一心。

管理者只有区分了不同下属的不同需求，才能在具体的沟通中有的放矢，集中最少的资源去激活下属的工作积极性和潜能，为团队带来最大的价值。管理者要想充分感知到下属的内心，就必须借助了解他们的需求来实现。需求意味着人心的走向，而人心的走向则影响着团队的发展。

人的需求是多方面、多层次的，也是随着时间而变化的，甚至可以说是很难真正满足的。但这并不意味着就可以撒手不管了，因为下属需求的满足度和他们的工作积极性是成正比的。需求无法被满足或者满足很少，他们就会产生消极怠工甚至另寻出路的想法，不利于团队的稳定，甚至会给竞争对手创造机会。有时候，管理者为了满足下属的某些需求会做出一定让步甚至牺牲，但从长远来看，团队的利益和成员的利益是一致的。只有当团队满足了团队成员的需求，才能产生强大的吸引力和良好的口碑，从而让下属放心地将自己的命运交给团队，他们所创造的价值就能达到最大化。

3. 认清下属是被动工作还是主动工作

很多团队都有这样一种现象：同样的工作交给不同的人去做，会得到截然不同的结果。为何会出现如此大的差别？除了个人能力的高低之外，还有一个潜在的因素不能忽略：主动工作和被动工作。

记得中国足球前主教练米卢说过一句话："态度决定一切。"的确，在同样的团队中摸爬滚打的成员，能力差异确实存在，但不会是天壤之别。那么一个新问题来了：为什么有的人是被动工作，有的人是主动工作？是生就如此还是后天使然呢？

被动工作就是消极地等待工作，对工作没有主动性和积极性，只有当上司安排或者督促之后才能进入状态；主动工作就是不仅能完成自己的任务还乐于协助其他人。被动工作和主动工作的出发点不同，态度也相差甚远。

一般来说，当一个人刚进入团队的时候都是想表现自己，少有人一上来就想偷懒混日子，但是工作时间一长就会分化出主动型和被动型员工。抛开人的综合素质差别不谈，就管理者而言，当被动工作的人出现甚至增多时，你就需要反思了。

下属不能主动工作，很多时候是缺乏明确的工作职责和工作目标，所以对工作结果也就不够上心。造成这种现象通常有两个原因：一个是管理者没有给下属分配明确的目标，另一个就是团队中存在着“吃大锅饭”的现象。

对于第一种情况，管理者应当时刻和下属保持沟通，特别是在交代任务和任务开始之后的两个时间节点上。交代任务时，管理者要多听听下属的想法，比如“你对这个计划有什么需要补充的”“你觉得这个目标是否可行”等，这种话术的目的在于探知下属的态度，如果他只是被动接受就不会提出有价值的建议，甚至只是敷衍。这时管理者就应当让他明确作为执行层也需要发挥主观能动性，也可以献计献策，激励他们对既定的决策发出声音，让他们产生参与感，这样才能促使他们全力以赴地完成任务。

对于第二种情况，管理者可以沿用第一种情况的试探方式。比如“你对这个计划有什么需要补充的”，如果下属没有提出有效的建议，可以观察他是带着情绪还是真的想不出来，如果不易观察，那就通过聊项目、谈计划等细节问题，观察下属是否对工作的结果存在期望，如果没有期待感，很可能是下属已经放弃了幻想。这时身为管理者要警惕，因为这说明下属已经失去了主动工作的积极性，你要考虑团队是否存在着“吃大锅饭”的现象、是否缺乏合理的奖励机制。

当下属干多干少一个样、说和不说一个样（指提建议），即便下属曾经是主动工作型，也会慢慢退化成为被动工作型，这对人力资源是一种极大的浪费，也会给团队的发展埋下祸根。要想预防这种现象发生，需要管理者帮助下属改变这种态度，方法如下。

第一，让下属明确主动工作的方向。

这需要管理者和下属不断沟通，有时候面对同样的工作，有的人工作的方向和最初的计划会南辕北辙，这种情况大多是沟通不通畅造成的——管理者和下属没有达成目标共识。管理者必须明确一件事：有些话自认为说得很通透了，其实对方理解的是另外的意思，这就好比盲人摸象，每个人对事物认识的角度往往会局限在自身所在的位置，自然就有了不同的理解。为避免这种情况，管理者需要核对沟通结果，比如在向某个下属交代任务之后，再让他们谈谈自己的想法，你会通过只言片语发现他们是否理解了你的意思，一旦发现下属走入误区要及时纠正。

现代企业管理中，有一个叫作“smart”的分析工具，能够让下属明确工作内容。在“smart”这个词中涉及了五个单词：Specific（具体的目标）、Measurable（可衡量的目标）、Achievable（可实现的目标）、Relevant（目标的相关性）、Time-based（目标的时效性）。也就是说，管理者和下属沟通时，要牢牢掌控这五个关键词，确认下属是否真的领会了团队的工作计划。

第二，给下属设置合理的工作目标。

有时候，下属是否主动工作，往往也和个人兴趣以及能力有关，不一定都源于态度。作为管理者，要给下属设置恰到好处的目标，不要一上来就给他们过高过难的目标，或者推行过于严厉的惩罚制度，要给下属适应任务难度的时间和操作空间，不能用挑剔、审视的态度去监视下属，要用积极变化的视角去看。比如，管理者可以多跟下属讲这样的话：“你希望自己在××任务里做什么样的工作”“现在这个岗位安排是否合你心意”，等等。管理者一定要摸清下属是带着热情参与项目还是为了保住饭碗参与项目，将任务和计划沟通得越细致越具体，下属的工作目标也就越明确，执行效率也就越高。

第三，给下属充分的自主权。

有些下属做事有积极性，他们的独立思考能力也很强，不喜欢在别人约束的条条框框下操作，可限制于种种原因还是成了一名打工者。对于这一类人才，既要合理管制又要发挥他们的优势，给予他们一定的自主权。比如，在管理者向他们传达命令时，可以指出他们有哪些决定权，在保证不影响项目进度的前提下让他们放手去干，有利于提升成功率。另外需要注意的是，当管理者给予下属执行的自由度时，要对工作结果的成败有衡量的标准，比如销售任务是100万元，当下属有了自主权之后，可以放宽到90万~100万元，这样才能打消他们的顾虑，他们才可能超额完成任务。

第四，给下属足够的信任。

管理者在和下属谈项目的时候，要清晰地传递出“用人不疑，疑人不用”这一思想。对于一个团队的负责人而言，质疑下属是非常危险的，这不仅会让管理者受限，也会离间管理者和下属的关系。既然决定将某件事交给某个人，就要先入为主地相信对方能够完成，如果监督过度，管得过多，会严重打消下属的积极性和自主性，迫使他们从主动型转为听话型，变成了任人驱使的人肉机器。作为管理者可别偷着乐，这种下属看起来听话，但对团队是没有责任感的，一旦项目出了问题，他们只会把皮球踢回到你身上甚至甩手走人。

第五，要打造快乐工作的氛围。

管理者要让下属在快乐中工作，只有这样的氛围才能实现团队的和谐发展。所谓快乐工作包含三个内容：下属和下属的和谐关系、下属和管理者的和谐关系以及和谐的团队氛围。为此，管理者可以设定一些项目评比的小活动，让身在项目里的下属都参与进来，根据执行的进度和结果对他们进行奖励，对完成不好的可以进行“惩罚”，比如表演个小节目，罚请大家喝饮料，等等，营造一种“我们在游戏”的感觉，为单调的工作注入新鲜的元素和活力。

第六，要让下属轻松地执行任务。

既然企业的竞争是人才的竞争，那就应该让人才丰富自己的人生，提升个人能力。而且，消极被动的工作态度既不利于工作效率，也会“传染”给其他人。管理者在交代任务时，不要为了完成指标提出过于严苛的要求，只要下属明确其重要性就足够了。在话术中要避免频繁使用“必须”“不然”“千万”等字眼，不要让下属在项目启动之前就被吓到，要让他们明白参与项目也能学到很多东西，认识很多人，了解之前陌生的认知领域。比如，某个项目要经常去市内的某个地段，管理者可以开玩笑地说：“听说××公司附近有一条小吃街，跑业务的可以大饱口福了，没事发个朋友圈给别的同事看看。”用切换角度的方法描述一个任务，就能给予下属完全不同的感受。另外，管理者要时刻关注下属在执行任务时的状态，当发现他们情绪低落时要及时弄清原因，要尽快让他们恢复到正常状态。

无论是团队的发展还是团队成员的个人奋斗，都离不开彼此的扶持和帮助。管理者要明白，下属不是你的执行工具，是有血有肉的人，他们的主动性、积极性和创新性都将对团队的决策和发展起着重要作用。管理者要想赢得下属的支持，就必须先带动他们的心，只有心“活跃”起来，他们才能主动配合、主动工作，发挥自身潜力，才能永久性地提升团队的战斗力。

4. 没有换位思考，下属如何能团结一心

一个优秀团队的标志之一，是团队成员之间、团队和管理者之间能够互相理解，出现问题时能设身处地为对方着想。反之，一个失败的团队必定是各自为政、自说自话，遇到问题不能换位思考，只会互相扯皮，在沟通中产生隔阂，导致对项目产生不同的看法进而造成分歧，最终损害团队的共同利益。

尴尬的是，换位思考是一个几乎被“说滥”的词，却是一个并没有被“用滥”的词，因为很多人并没有真的尝试过换位思考，他们只是挂在嘴边说说而已，甚至是用双重标准进行“换位”——要求别人替自己考虑而从不考虑别人。很多企业的团队中，管理者总要求下属之间进行换位思考，忽略了自己也需要和下属换位思考。不能进行换位思考的沟通，等于关闭了心与心的连接桥梁，管理者就无法让下属“走心”地执行命令。

由于分工的差异性，身处不同的岗位会面临不同的状况，岗位之外的人不可能做到全知全能，难免听不得不同意见，所以必须学会站在新

的视角去观察问题，用新的思维去思考问题。应该说，这种受制于本位的思维局限性适用于所有人，即使是经验丰富的管理者也有看问题片面的时候，而且就职务来说，越是身居高位的人，换位思考的意义就越重要。一旦管理者习惯用“我以为应该如何”“我认为那就是怎样”去看待问题和解决问题，这个团队恐怕就会貌合神离，甚至分崩离析。

为了让团队的观念达成一致，就必须确保团队成员维系着有效的沟通，破除固有的认识，平衡、协调信息的不对称，让下属和下属、下属和管理者形成统一的价值观。

有一位妈妈带着女儿去逛动物园，逛完之后女儿突然问妈妈：动物园里为什么没有猪？妈妈很惊讶，随口说道：动物园里都是罕见的动物。女儿又问什么是罕见的动物，妈妈说是日常生活中不容易见到的动物，所以动物园里没有小猫、小狗。结果女儿反问妈妈：猪在城市里也很少见到，为什么就不是罕见的动物呢？这句话让妈妈一时语塞，因为妈妈在农村长大，天天都能见到猪，在她的认识中，将猪排除到了“罕见动物”之外，但是对生长在城市里的女儿来说，猪的确是很难看到的。

这个案例告诉我们的就是换位思考，“猪是不是罕见动物”对于阅历不同的人来说有着巨大的差异。我们不妨借用这个案例去思考团队中的换位思考，如果团队成员就某一个项目产生了类似的认知误区又不能及时解决，后果可能是灾难性的。

既然换位思考如此重要，那么管理者应当如何普及这种思维方式呢？

第一，以人为本。

管理者应当尊重下属的意见，因为只有“听得进去，才能想得出来”，如果一票否决或者一锤定音，哪个下属还敢直言进谏？长此以往，管理者注定要在一言堂的状态中闭目塞听，难保不闹出“猪是不是罕见动物”这样的分歧。

那么，具体要怎么做呢？管理者在和下属沟通时，要多运用启发式和诱导式的谈话方式，比如跟下属谈论某个项目时，可以说：“你觉得从你的岗位角度出发，有哪些细节需要完善？”或者“听说你在××部门干了好几年，可以说说这方面的经验”等，通过询问的方式给予下属说话的空间，然后认真听取意见和建议，这样才能身临其境地感受到不同岗位的视角，管理者的旧有思维才能得到转变和升华。

第二，宽以待人。

管理者应当多了解下属的实际困难。干活最怕的就是外行领导内行，但很多时候，团队的管理者不可能做到无所不通，总会有知识和经验的局限性，因此难免对下属遇到的实际困难感到不理解，由此生出无端的责难和怀疑，让下属心寒。不过，毕竟隔行如隔山，管理者不是说能换位思考就能马上换位思考，这需要向其他人侧面了解具体岗位的实际情况。比如，管理者可以和执行过某种项目的下属打探操作过程，了解其中的细节，这样才能帮助自己认清参与项目的下属可能遭遇的困境，才能对下属少一些苛责、多一份宽容，有利于培养和谐的团队工作氛围。

有些管理者总把换位思考当成一件苦差事，其实换位并不可怕。李开复曾说：“评论是十分主要的。越是有不相同观念的人在一起评论，越能磕碰出更超卓的作用。在公司里，你能有一个构思型的，一个技能型的，一个商务型的人在一同作业，成功的概率比三个技能型的人在一起作业要大得多。”由此可见，换位思考不是逼迫管理者“微服私访”，而是帮助管理者提升管理能力，增强带领团队的权威性。

第三，以诚待人。

很多管理者之所以不愿换位思考，是因为真的不了解对方的处境，却又碍于面子不好直说。如一个行政出身的管理者带团队，由于对销售不了解又不好表现出自己的短板，往往就会误解下属，这时需要拿出敢于直言的勇气和诚意，在和下属沟通具体问题时可以说：“这方面你经验应该更丰富，不如我们将计划放在一边，先谈谈你的想法。”有时管理者多说一句话，就会减少一些麻烦甚至消除隐患，还能增进管理者和下属之间的关系。切记，没有管理者和下属的有效沟通，就不会有走向成熟的管理者，更不会有前景看好的团队。

团队管理当中流行一句话，叫作：“没有呈现不相同意见之前，不做任何决议方案。”这句话对团队建设来说有如金科玉律。因为团队越大，越不可能出现意见统一的情况，一旦出现就值得管理者产生疑问，需要他们诱导下属说出不同意见。为了达到这个目的，管理者可以找不同部门、不同岗位的下属私下单聊，让他们站在不同的角度去分析某项决议，如果他们不肯提出不同意见，那就需要来点“强硬措施”，比如可以暗示他们，如果决议出现了问题，可能会影响到相关部门的连带利益，这样就会有不同的声音出现。

有些管理者盲目追求所谓的“和谐团队”：开会时集体举手通过，推进项目时没人提反对意见……这种行为貌似和谐其实是“一边倒”和“不作为”，只能摧毁一个团队的思考能力和纠错能力，发展得越大，遭遇的危机就越深重。一个不懂得反思和自黑的团队，只能从一个视角去看问题，甚至只能用一个脑子去想问题，会导致团队对项目的风险预计不足，后果不堪设想。

有一句话叫作：“前半夜想别人，后半夜想自个儿。”这是一句大俗话，也可以理解为换位思考。一个人能够站在别人的角度思考问题时，就会打破自身的限制，就能够和他人、和团队甚至和整个世界产生互通有无的关系，才能充分预计到更长远的变数和转机。

换个角度看，换位思考不仅有利于维系团队的共同利益，更有利于提升管理者的综合素质和能力。任何一个管理者的阅历都是有限的，他的认知能力不见得会高出下属很多，特别是专业性极强的部门和岗位，外行的“想当然”会造成严重的误判。管理者不能一叶障目或者管中窥豹，要想获得精确的分析和认识，就不能自以为是，做出盲目的决策和行动。

当然，管理者不仅要让自己学会换位思考，还要让下属之间也进行换位思考。目前一些企业采取的“轮岗制”就会有这样的作用。让一个员工每隔一段时间调换一个岗位或者一个部门，就能了解企业不同组织机构的运作情况，当大家体验到不同的工作环境和工作性质之后，一些误解和抱怨也就消除了。不过，这种轮岗制对太小的团队并不适用，那么可以采取交换工作日志的方式，让A部门/A岗位的下属将一段时间内的工作日志给B部门/B岗位的同事看，也能间接地了解彼此的工作状况，这样以后分析问题时就能跳出工作范围进行思考，也会极大地弱化不同岗位和部门间的矛盾。

一个能够让下属全力以赴的团队，必定是事先站在下属的角度考虑他们的事情，帮助他们解决后顾之忧的团队，只有这样才能让他们不心存忌惮地做事。管理者不是神，精明强干的下属也不是神，但是人和人之间如果取长补短、同舟共济，心用在一处，力使在一点，就能创造出超越神的业绩。

5. 只谈牺牲，却忽视了下属的利益

经常有团队的管理者抱怨，下属太不忠诚，每个月都有人员流失，团队的稳定性很差，严重的时候几乎成了自由市场。大一点的公司甚至每隔几天就有人员离职、入职，好不容易给新员工做完培训，一转眼他们就跳槽到了其他公司，一切只能推倒重来。为了避免这种情况发生，一些管理者“脑洞大开”，在员工培训会上向下属灌输各种鸡汤。像什么牺牲小我、成就大我等，希望下属能多为团队考虑，结果如何？人员流失得更多了。于是，不少管理者感叹：人心不古，队伍不好带了。

难道真的是人的素质变低了吗？当然不是，归根结底是管理者没有将下属的利益放在心里，反而用团队的利益将下属压垮了。身为管理者，应当为下属创造良好的工作氛围和薪资待遇，不要让下属的利益被团队利益替代。下属的利益不被重视，就意味着领导者失去了人心，人心一散，如何能带好团队？

所谓“牺牲”，其实是一个充满信仰味道的词。它代表着为理想、事业以及正义献身的精神，同时也是一个可怕的词，它意味着小我、小

家、个人利益要统统让位给大我、大家和团队利益。事实上，团队和个人的利益真的如此对立吗？其实，团队和个人从本质上看是合作关系，利益并没有根本冲突。管理者也要明白，下属来到你的团队不是签了卖身契，让下属做出适当和必要的牺牲并没有错，但要让下属“牺牲”后获得同等或者更大的补偿利益才适宜。所谓“牺牲”，其实是以退为进的策略性让步，而不是原则性让步。管理者如果没有认清这一点，下属就不可能将团队的利益放在首位。

当管理者真正为下属的切身利益考虑时，自然会想到他们的收入、职位和工作状况等一系列情况，就不会让下属从斗志满满变成心如死灰。那么，如何与下属沟通有关“牺牲”的话题呢？

第一，利益置换。

下属的心里都有一本账，只要他们明白今天的后退是为了明天的前进，没有几个人会抵触“牺牲”二字。当然，这需要管理者在沟通上下功夫。比如和下属谈到某个项目需要出差一段时间时，如果下属已经成家，最好说：“这个项目需要出差，等忙完之后集中给你休个年假。”以此让下属放宽心，而不是蹦出“为了团队的利益请你牺牲个人时间，我代表公司感谢你”这样的话。职场上没有真正的低智商者，你对下属耍心眼、说空话，下属也同样会这样对待你。所以，身为管理者，应当在沟通时注意一个问题：当你让下属牺牲了具体的利益时，比如休息日、高提成的项目等，要用同样具体的利益回报，比如假期补偿、新的高提成项目等，绝不能用假大空的荣誉或者模棱两可的许诺敷衍下属。你要明白，越是精英越能从你对他的态度中判断出是否还值得长期留在团队里。当管理者用同样的利益和下属的牺牲置换时，下属自然会乐于做出“牺牲”，成全团队的当前利益。

第二，强调最终利益。

管理者和下属沟通时，需要将项目的最终收益进行适当的描述。比如某个项目能给项目组带来多大的提成、能获得何种晋升前景等。很多下属并不是鼠目寸光，尤其是职场经验丰富者，他们很明白自己为团队做出牺牲后，会在管理者的心中增加印象分数，所以需要将最终利益摆在他们面前，让他们主动做出牺牲的选择。比如某个项目进行不下去了，需要下属放弃时，下属的相关奖励可能会泡汤，管理者这时要强调放弃的原因和未来启动新项目的回报，要在沟通中多说“你放心，这笔损失会通知财务记录，以后的新项目提成会补发给你”这样的话，展示出团队的抉择是“丢芝麻捡西瓜”而非“弃卒保车”，让下属从理性上接受，从感性上受到激励。只要管理者足够关心下属，就能培养出下属为团队做出牺牲的习惯性思维，这自然有利于工作的开展。

第三，少考虑管理者自身的利益。

很多管理者打着团队利益的幌子，关心的是个人晋升，却让下属牺牲个人利益成就他们，这是典型的双重标准。随着“双标”的使用增多，管理者会越来越漠视下属的利益，不再从下属的角度出发去考虑问题。这种“向上看不向下看”的处事原则，其实对管理者自身非常不利，它会让下属的切身利益得不到保障，导致人才流失，重新招聘之后又要进行培训，而管理新人又会遇到很多新问题，更糟糕的是，管理者担心新人同样干不长久，于是害怕在他们身上投入资源，结果新人离职率更高，进而形成了恶性死循环。如此看来，不为下属考虑的最大牺牲者，恰恰是管理者和团队。

在面对是否要下属做出牺牲时，管理者往往会走两个极端：一个是当老好人，只要不损害自身利益就尽量满足下属的一切要求；另一个是唱白脸，完全不关心下属的利益，而是用团队利益当挡箭牌，站在道德制高点上回绝下属的合理要求。

事实上，无论是走哪个极端，最终对管理者都是不利的。关心下属本质上就是关心自己，维护下属的利益和维护团队与管理者的利益本身并不冲突，所谓的冲突也只是短暂的。管理者应当考虑三个方面的问题：团队的期望是什么？下属的期望是什么？管理者自己的期望是什么？只有自己想清楚了这三个问题，才能让团队、管理者和下属的利益维持在一个平衡点上，才能将工作做好。

管理者和下属虽然有各自不同的利益，但是站在团队的角度上看，必须做到保持统一的目标、思想、规则、行动和声音，只要做到这五个统一，就能保证团队内部的团结。所谓的“牺牲”，也要服从于这五个统一，管理者应当在这个范围内，最大限度地为下属争取利益，而不是让他们做出牺牲。归根结底，让下属做出“牺牲”的前提是打动他们的心，让他们真正为团队考虑，他们才会心甘情愿地为团队奉献。

目标统一，管理者在团队的日常例会上，可以恰到好处地提一提“目标”，让下属潜移默化地将团队的目标放在心里；思想统一，需要管理者和全体成员进行交流，找出一些不利于团队发展的事例进行合理的阐述，让下属心服口服；规则统一，管理者可以在项目复盘时总结成功的经验和失策的教训，给下属划定出团队的行动底线，但不要针对某个人，以解决事情为终极目的；行动统一，在项目启动之后，管理者应当随时进行监督，发现问题后及时纠正，并告诉其他人注意不能越界和犯规；声音统一，当团队中有人提出异议或者外部产生质疑时，要给下属答疑解惑的机会，这时态度可以稍微强硬些，引起下属的足够重视。

要实现这五个统一，就要不断沟通再沟通。管理者要充分了解下属的想法，同时将团队的实际难处告知下属，对于牵涉到的利益一定要摆在桌面上，说得越具体，下属才会越认为你是真诚的。比如某个下属为了某个项目产生了额外支出——差旅费、电话费等，要当面和下属说清楚，不能将所有解释权都推给财务或者行政人员，要让下属知道你时刻考虑着他们的付出。

京东集团CEO刘强东曾经说过，要让员工活得有尊严。据说，京东的员工宿舍最多只能住两个人，工作满三年就能单独拥有一个房间。京东的高层曾经提出建议，把配送员外包给第三方公司，这样能节省十几亿元，然而刘强东认为这是耻辱，因为企业的发展不能以牺牲员工的生活质量为前提，这是不可节约的成本。

刘强东并不是作秀，而是看到了员工待遇、用户体验以及企业长远利益的密切联系：只有员工的待遇提高了，才能以愉悦、正面、积极的心态去服务客户，客户才能获得良好的体验，才会对企业品牌产生认可和黏性，才能真正维系长远利益，推动企业有序发展。

作为管理者，要明白团队当前最需要的是什么，只有给出一个明确的答案，才不会让下属白白牺牲他们的利益。现在国内的一些管理者的管理思维还比较陈旧，属于粗放式管理，分析问题和解决问题往往围绕着一个大框架，很少进行细化，使下属的个人利益在无形中被抹掉了。下属是为团队创造利益的人，他们的牺牲只能是策略上的而非功能上的，一个需要牺牲下属利益才能存活的团队，只能叫作“吸血团队”。

管理者要建立以下属为导向的管理模式和沟通策略，要从人力资源的角度出发考虑团队的运营管理。很多时候，管理者和下属产生了矛盾并不代表真的有冲突，而是观念不统一造成的。

前几年，“血汗工厂”这个词非常流行，相关的新闻报道也层出不穷，这些工厂的一线工人的福利待遇和企业品牌形成鲜明的对比。比如著名的奢侈品牌古驰，由于推行了非人性化的管理方式，造成了严重的贫富分化，五名离职员工在网上发布了一封公开信，对古驰的管理进行血泪控诉，引起了媒体的广泛关注。

类似“血汗工厂”这种案例，是最典型的牺牲员工利益而让企业获得利益的代表，这种管理策略不仅会对整个团队产生深远的负面影响，还会造成恶劣的外部舆论环境，更会影响到相关行业的从业秩序。对此管理者不能充耳不闻，要“想起来，说出来，做下来”，让下属感受到团队的关怀和重视，这样他们才能将心交给团队，将理想交给团队，为团队创造价值和荣誉。

6. 以心换心，让下属说出真心话

一个团队想要整合优势资源、发挥成员各自长处、为完成共同目标努力，就要保持同心同德，如果各自为政，都打着自己的小算盘，就无法将有限的精力集中在一起，这不仅需要团队成员之间的默契配合，更需要管理者和下属之间的坦诚和信任。只有管理者充分了解下属的思想动态，才能使用正确的管理策略做好领导工作。那么，如何才能让下属对自己说出真心话呢？

想必一些有职场经验的人会熟悉这样的画面：在公司的某一次会议上，管理者在前面激情四射慷慨陈词，坐在下面的员工却目光呆滞、眼中无物，轮到他们发言的时候，要么避重就轻，要么顾左右而言他，更有甚者直接拍领导的马屁……除了第一次参加会议的新员工可能会说说心里话之外，往往在团队中混得越久的员工越会言之无物，从表面上来看，这样的会议达到了意见的高度统一，是一次一团和气的大会，是一次胜利的大会。然而事实上，除了浪费口舌和时间之外，并没有解决任何实际问题。

管理者和下属的沟通应当是双向的、主动的，如果一方积极沟通另一方却消极回避，沟通也不会有任何效果。管理者要敢于“直问”，下属要敢于“直言”，下属提出的问题管理者要及时做出回应并鼓励下属说出自己的想法。

据统计，一个大公司的经理每天都会把70%~80%的时间花在沟通上，特别是当团队遭遇重大变故时，或者是士气低落时，再或者是下属对管理者有严重误解时，这时有效的沟通就会产生强大的威力。那么，管理者怎样才能通过有效沟通了解下属的真实想法呢？一般来说，不愿说真心话的下属分为四种类型：不能说的——能力不足、资历尚浅，不想班门弄斧的；不敢说的——害怕被“枪打出头鸟”的职场老油条；不愿说的——只专注在自己的工作范围之内没工夫发表意见；不屑说的——性格比较狂放懒得和别人交流的。其实无论是哪一种类型，他们的存在都对团队的内部交流造成了危害。

第一，强化和下属交流的渠道。

IBM公司就建立了负责人和员工电邮沟通的模式，不管主管有多忙，都会抽出时间和下属就工作上的事情进行交流，让员工习惯这种方式，他们也就渐渐敢于说出真实的内心想法：无论是支持的还是反对的，甚至是讽刺的。因此IBM的很多管理者都了解下属的真实想法，能够准确判断团队的下一步战略计划和战术策略的制定，也有利于解决团队内部的矛盾冲突。反过来，如果没有形成电邮沟通这种模式，IBM的员工当然不会轻易表露自己的想法，只有让沟通的方式形成习惯并让下属充分适应，他们才会一点一点地将内心的想法说出来。

第二，倾听下属的讲话。

有一句话叫作：“沟通首先是倾听的艺术。”在日常工作中，管理者的倾听能力更重要，甚至很多时候超过了对沟通能力的要求。只有当管理者擅长倾听之后，才能从下属口中获得信息并进行思考和判断，也只有认真去听，才能探知下属的真实内心世界，才能掌握带动他们内心情绪的关键点。有效而准确的倾听直接决定着管理者的决策水平和管理成效，最终影响到团队的经营业绩。

比如，当你发现某个下属最近情绪不太高的时候，可以试着通过其他下属打听一下这位下属的近况。如果是情感生活出现问题给下属造成了困扰，那么管理者可以寻找一个适当的场合，善意地安慰下属，通常人在压抑的时候容易说出心里话，如果下属愿意讲述自己的事情，管理者可以适当倾听一会儿，而不是冷冰冰地告诫下属“不要因为个人原因而影响工作”，下属是人不是工作的机器，当他们度过了感情危机之后，自然会将注意力转移到工作上，从而分散一部分压力。

第三，选择一个私密的时空。

大多数人都愿意将心中的烦恼向朋友倾诉，不过一般很少将心事说给上司听，即便说了，有些上司也会觉得不自在或者是漫不经心。但是，如果将这种非工作话题转移到一个相对私人化的时间里，如下班或者午休，地点又避开办公场所，哪怕是在公司外面的院子或者小公园里，都不会给下属太过正式和官方的感觉，而是一种上下级之间的私人交流，下属也会感觉到被关注和爱护，也更容易交流。

《伊索寓言》中有这样一则寓言：太阳和北风打赌，比比谁能让人们先把大衣脱掉。太阳用温暖的光照在人们身上，人们热汗直流，于是就脱掉了大衣。北风却使劲地吹着人们，结果人们将大衣裹得更紧了。这则寓言故事告诉我们一个道理：管理者对待下属要像太阳那样温暖他们，等到他们被感化了，自然愿意敞开心扉。相反，如果采用和北风一样的办法，只会让下属对管理者心存戒备。

沟通本身是一种双向行为，如果是双方都很积极地沟通，那么倾听的作用可能不那么明显，但很多时候沟通都是被动的，缺乏主动地对信息进行搜索和理解的条件，这就需要管理者将自己放在和下属相同的地位和角色上，借用他们的思路去感知他们的世界，这样才能正确理解他们所要表达的意图，而不是你想理解的意思。切记，管理者不要陷入“和自己说话”的尴尬境地中，因为一旦将对方的意图理解偏差，就无法真正了解他们的内心世界，不利于沟通技能的发挥。团队的管理者应当尽量给下属更多的时间去交流，并在倾听的过程中用动作语言表达出你对谈话的强烈兴趣，这样就会让下属保持交谈的欲望，会将更多的真实想法表露出来，管理者也就容易走进下属的内心。

不过管理者不要忽略一个问题，感情真挚是获得下属心里话的前提。人们常说：“感人心者，莫先乎情。”也就是只有感情真挚、态度诚恳、平等待人、亲切交心，才能让下属敞开心扉，减少顾虑和你交流。那么，这种真实的感情如何去展现呢？主要体现在管理者关心下属的学习、工作、思想、生活等方面。另外，还应当留心观察下属都有哪些特点，只有掌握了这些才能增进彼此之间的感情和信任，才能保证在和下属进行个别谈话时缓解可能出现的压抑、紧张和尴尬的氛围。

虽然很多管理者都知道沟通的重要性，但并不是每个团队都能在沟通环节上做到位。是不是凭借沟通就能做到资料齐全、行动协调和人际关系融洽呢？显然不是，因为沟通需要在多方面、多环节做好准备，每一个步骤都要用心考虑才能确保有效性的提高，尤其是想要获知下属的真实想法，就更要保证沟通话术的精准投放。

沟通是管理者激励下属的基本途径，管理者应当正确使用领导艺术去了解下属的内心世界，从而调动他们的工作积极性和沟通的积极性。其实每个下属都有受人尊重、社交和爱的需要，其中包含工作上的交流，也包含生活中的交流。管理者不妨尝试着通过经常性的沟通和交流让人们彼此了解，消除隔阂和误会，消除和解决矛盾与纠纷，从而有利于良好人际关系的形成，促进心与心的深度交流。因此，管理者要学会保持和下属的实时交流，深度了解对方的思维模式和情感需求，这样就能为你说服对方找到充分的借口。什么样的管理者能够“套出”下属的心里话并能轻易说服对方呢？是那些经常走动在团队各个部门的管理者。

鼓励下属说真心话原本是团队文化中重要的组成部分。管理者应当设身处地从下属的角度考虑问题，要“把脚放进别人的鞋子里”。需要明确的是，管理者不应该临时抱佛脚，而是应该注意在日常工作中和下属的沟通积累，这样当你了解了下属基本的立场、思想动态时，就可以在下一次交谈中占据主动性和优势。

现在很多人经常感叹，很难听到别人的真心话，其实只要不采取激进的态度，保持交谈氛围的融洽性，保持友好宽容的态度，准确倾听对方的真实想法，就能有充分的理由说服他们。

7. 注意日常沟通的“禁忌语句”

常言道：良言一句三冬暖，恶语伤人六月寒。管理者在下属面前要留意自己所说的每一句话，特别是面对那种内心丰富、神经敏感的下属，一句不得体的话不仅会伤害到对方，还会损害管理者自身的形象。事实上，虽然身处不同的团队，但是很多管理者说出的伤人话却极为相似，这大概是由于管理者自身的角色定位而决定的。正因为如此，管理者就需要在沟通中注意措辞，切莫伤害下属的心。人心受到了刺痛，团队很可能就会垮掉。

第一，不要过分强调管理者的地位。

身为管理者难免有一种优越感，所以在日常工作中我们经常能听到的一句话就是：“听你的还是听我的？！”或者“在这个公司/部门，我说了算！”以及“一切以我说的为准”。这些话虽然遣词造句不同，但都集中反映了一个问题：独裁式管理。管理者将自己摆在至高无上的位置，强调“君命不可违”，伤害的却是下属积极主动的精神。在现代企业管理中，人才是创造财富的宝贵资源，独裁式的管理不仅不会聚集人才，反而会赶走人才。一个不懂得尊重人权、尊重个体的管理者，只能变得越来越闭目塞听。长此以往，下属也会产生一种对抗心理：既然一切都听你的，那就按照你的意思办！管你是对是错，反正出了问题与我无关！一旦你的下属形成了这样的思维定式，他们就不会再为团队考虑，只会将个人利益放在首要甚至是唯一的位置上。

第二，不要讽刺下属。

一般来说，管理者无论在职场经验还是人生阅历方面，大多是超过下属的，这原本是一种正常现象，然而很多管理者却将其当成了炫耀的资本，动不动就对下属说："我吃过的盐比你吃过的饭多！"或者"你能有什么见识"之类的话，完全把自己摆在一个学术权威的位置上，而且对下属的长处视而不见。一旦管理者将这类话当成口头禅挂在嘴边，下属唯一的对策就是缄默不语：既然我们见识不如你，一切都让你来决定好了。在这种负面情绪的影响下，管理者再想通过头脑风暴来征求下属的意见、发挥集体智慧就成为一种妄想。

一个团队单靠管理者自身的智慧和能力是远远不够的，否则还招收下属做什么？管理者要在集体讨论的会议上创造广开言路的良好氛围，要做到耐心地倾听、善意地询问和积极地鼓励。倾听，就是不管下属说的是对是错都要耐心等对方说完，不要上来就驳斥或者打断对方；询问，要善意、真诚地询问你听不懂的地方，不要用含沙射影的方式讽刺下属的纰漏；鼓励，就是让下属多多发言，讲出他的真实想法。管理者千万不要用"你说的不对""你根本就没有认真考虑""你太自以为是"之类的话和下属交流。

受限于职业经历和思维局限，下属很多时候难免会存在想法不成熟的情况，管理者应当帮助他们成长，而不是一票否决，凸显自己的"智慧”。当下属向管理者提出意见或者建议时，要肯定他们敢于发言的态度和关心团队发展的行为，这样才能创造出良好的沟通氛围，促使更多下属建言献策，推动团队的完善和发展。

第三，不要埋怨下属。

有些管理者喜欢用感情牌当作沟通话术，经常在交代任务之后加上一句：“我对你非常信任，所以才将这么重要的任务交给你。”这句话本身没有毛病，然而当下属没有完成任务时，一些管理者会立即补上一句：“你太让我失望了，我真后悔把这件事交给你！”这句话对下属的伤害是非常大的，因为下属也不想将事情搞砸，但难免会受到主观或者客观因素的影响，他们本来就充满了自责，现在管理者又火上浇油，自然会打击他们的积极性，还在道义上被上司压制：我信任你才把任务交给你！

其实，管理者对下属的信任和下属一定会完成任务这二者之间，根本就不存在必然的因果关系。管理者应当以情动人，拉近和下属的关系，但不能用所谓的感情和信任去绑架下属，这样不仅不能提高下属的办事效率，反而会给他们沉重的压力。当下属没有按照管理者的预期完成任务时，管理者首先要做的是安慰下属，帮助他们找到失败的原因并研究出成功的对策，鼓励他们在下一次任务中获得成功，这才是管理者对下属的“以情动人”。

第四，不要污辱下属。

有些管理者口不择言、极易激动，当下属犯了比较严重的错误时，会当场发作，说出一些难听的话来：“你是干什么吃的”“你是猪脑吗”“你简直就是个窝囊废”。也许这些只是气话，但是对下属来说已经伤害到了他们的自尊心和自信心，会严重割裂上下级的关系，强化管理者和下属的对立关系。可是有的管理者不以为然，他们认为自己小时候犯了错误，父母也会说出类似的话，还会用“恨铁不成钢”为自己开脱，这是非常荒谬的一种比较。父母和子女的关系是强关系，今天骂了孩子，明天再给个甜枣，没有哪个孩子会记仇。可是管理者和下属是弱关系，今天骂了下属，明天他就辞职了，你根本没有弥补的机会。

特别是面对好面子的男性下属和内心脆弱的女性下属，诸如“窝囊废”“猪脑子”这些话，会严重伤害到他们的自尊心。而且根据心理学家研究证实：那些自尊心遭到伤害的人，通常会寻求合理的补偿来保持心理平衡。这种补偿行为体现在工作上就是迟到、早退、旷工、消极怠工、损坏公物、传播谣言，更有甚者，一些恼羞成怒的下属会将气撒在客户头上然后辞职，给管理者留下一个难以收拾的烂摊子。如果管理者图一时嘴上之快，很可能会付出惨重的代价。

第五，不要威胁下属。

有些管理者认为自己大权在握，可以随意驱使下属，为了加强管理，总是把“干得了就干，干不了滚蛋”这样的话挂在嘴边，用强权威胁下属，让他们听从自己的安排。其实，这恰恰是一种外强中干的表现。在一个团队中，的确会有职位高低、薪资多寡等区别，但是每一个职位都是不可或缺的组成部分，缺少了谁的付出都会给团队造成影响。管理者不能将下属当成出气筒，更不能用各种威胁的手段迫使下属服从。即便是遇到那种天生胆小的下属，这种强权之下的服从也不会长久，如果是遇到有个性、有思想的下属，很可能会使他们就此记仇，寻找机会反戈一击。

另外，管理者要明白，有时候针对某个人的恶言恶语，会间接伤害到其他人。比如地域攻击、性别歧视、学历歧视等，当你说出这些话时，会在不经意间引起更多人的不满，所带来的负面影响难以估量。

第六，不要将下属和其他下属作对比。

中国家长最爱说的一句话就是："你看××比你强多了，你怎么不好好学习人家？"很多管理者也喜欢采用类似的句式："你比××差远了。"常言道：尺有所短，寸有所长。任何人都有长处和短处，如果拿一个人的长处去和另一个人的短处相比，当然会产生差距，这是一种十分幼稚的比较方式。管理者也绝不能拿"恨铁不成钢"当挡箭牌，因为也许你没有恶意，但是下属不会这样理解，他会认为你对他已经失望或者存在偏见，很可能就此破罐子破摔甚至另寻出路。另外，有些喜欢较真儿的下属可能会反问你："我到底和××差多少？请你说出来。"到时候尴尬的就是管理者本人。

管理者要正确对待下属在某方面的不足，要学会就事论事、具体问题具体分析，不要抓住下属的某个缺点不放，要学会合理发挥下属各自的长处：能言善辩的去对接客户，吃苦耐劳的留在后方，思维活跃的让他们多出创意，循规蹈矩的让他们做好日常工作……只有摘下有色眼镜，才能发现每一个下属身上的闪光点。

管理者对待下属的态度，其实就是对待团队的态度，如果你想有一个战斗力强的团队，就要关爱下属、尊重下属、发现下属的长处，做到人尽其才，才尽其用。反之，如果你对下属存在偏见和不屑，你就无法带领团队创造业绩，甚至会因为得罪下属而将整个团队搞垮、搞散。职场如战场，管理者要学会谨言慎行，注意和下属沟通的用词、用语，才能有效掌控他们的内心。只有心被"带"起来，队伍才能"飞"起来。

Win Their Hearts, Before Calling It Your Team

第二章

成功的沟通就是让下属自主工作

团队的战略不仅关乎团队的经济效益，更关系到成员的忠诚感和品牌信仰，管理者要及时了解下属的思想动态，多做沟通，让他们的观念融入团队的战略思维中，才有利于团队长远利益的维系。

1. 释放负能量，团队更好带

俗话说：一样米养百样人。即使同在一个团队中工作，即使有着相似的职场经历，每个人的工作状态和精神面貌也大相径庭：有的人抗压能力较强，能及时排解负面情绪，保持积极乐观的心态去工作；有的人抗压能力较差，经常会积郁一些负面情绪并最终转化为负能量。

对于管理者来说，一个负能量满满的下属是很让人头疼的，而如果负能量的下属太多，就会组成一个态度消极的团队，不仅难以创造业绩，更不便于管理。作为管理者，首先要避免让下属长期处于负能量的环境中，让他们始终处在心情愉悦的状态下，这样才有利于管理。具体方法体现在三个方面。

第一，减轻工作压力。从理论上讲，工作压力是永远存在的，这个不可能消除，但是可以通过某种手段弱化。管理者要做到让下属意识到业绩指标的存在并偶尔督促他们就可以了，不要总是将指标挂在嘴边，让下属长期工作在高压环境中。

第二，减轻惩罚力度。无规矩不立，要想确保团队正常运行，势必有奖惩机制，但这个机制一定要规范合理，不能因为迟到一次就扣上百元的工资，要合理惩罚，做到让下属牢记教训就好，那种将经济惩罚当成获得额外“收入”的规矩是不可取的。

第三，减轻额外负担。有些工作单位会给员工一些额外的工作任务，比如有广告公司要求员工在下班之后打探第三方的商业信息，为的是与甲方合作时赚差价，这种经营策略无可厚非，但是要求下属利用私人时间容易引发抵触情绪，所得到的信息也未必有价值。

归根结底，管理者想要下属完全避免负能量产生，几乎是很难操作的，更多时候面对的是负能量已经“附体”的下属，这时候采用何种沟通手段帮助他们释放就成了当务之急。

现代管理学中有一个名词叫作负能量管理。根据管理学大师麦克·格雷格的理论，管理者通常有两种人：一种人认为员工天生懒惰，只有通过施加压力才能提高他们的工作效率；另一种人认为，员工都是喜欢工作的，所以要不断激励他们才能提高工作热情和效率。我们姑且不论两种人的认知是否正确，但就第一种人来看，他们不断给下属施加压力，势必会造成负面影响，因为即便是再勤劳肯干的人也总会达到疲惫的临界点，而采用鼓励的方式虽然未必对所有人奏效，但至少能创造出和谐的工作氛围并对一部分人起到激励作用。

从上面的分析结果来看，负能量的破坏性要远远超过正能量的建设性，它将增加管理者凝聚下属人心的难度，对团队的成长是极为不利的。那么，当你的下属产生负能量之后，如何与他们沟通才能解决问题呢？核心做法是用正能量思维去引导和启发他们。

第一，培养良好的氛围。

负能量是一种看不见的“能量体”，想要消除它就需要同样看不见的“能量场”——下属工作的环境氛围。对于管理者来说，可以通过日常例会来实施，通过分享一些励志的小故事、小笑话，对下属进行鼓励，哪怕他们的工作状态差强人意也要予以肯定。条件允许的话，每个星期、每个月都可以评选出优秀的团队成员，通过口头鼓励以及物质奖励的方式不断激励他们，给优秀的成员意外的惊喜，创造一种积极向上的工作氛围。同时，还可以在团队内部建立合理的竞争机制，对项目组、工作组进行分类，让下属们进行PK，调动他们的积极性。在一些为工作建立的QQ群、微信群当中，管理者可以通过发红包的方式提升下属的参与热情，也可以通过发送一些幽默的短视频或小段子活跃工作气氛，与下属进行情感联络。还可以为业绩突出的下属开生日派对，创造一种家文化的氛围，通过温馨的交流让下属们自主释放负能量。同时，管理者也要适时地进行自我检讨和自我批评，缩减和下属的心理距离。

第二，寻找工作的“笑点”。

工作何来“笑点”？这个用词虽然听着有些匪夷所思，但是仔细想想是有道理的。在任何团队中，即使是最任劳任怨的下属，也难免有对工作厌倦的时候，如果他们将这种厌倦感集中爆发，会给团队的业绩带来灾难性的影响，这就需要管理者帮助下属寻找工作中的乐趣。比如在安排某个下属联系一个客户时，可以先试探下属能用多长时间搞定客户，如果下属说两天，管理者可以这么说：“我赌你三天才能签下单子！”故意创造一种争论的氛围和话题，然后用一顿饭或者一杯饮料作为赌注。这样做既能减轻下属的业务压力，又能让他们在谈客户时增加“小赌怡情”的乐趣，拉近心与心的距离。或者，当你安排一个下属做项目计划时，可以让对方在做PPT时采用清新明快的风格或者帮助他找一些美丽的图片，减少工作的枯燥和乏味，增强乐趣，减少负能量的来源。

第三，传授减压方法。

有的管理者会将自己塑造成一个事业心极强的工作狂，试图让下属向自己学习，以为这样能够带动团队的工作积极性。其实这种做法并不可取，因为没有哪个下属会真正喜欢一个眼里只有业绩而没有人情味的冷漠上司。身为管理者，应当主动帮助下属缓解压力才是正能量之举。比如，可以在午休或者用餐的时候，向下属传授一些减轻工作压力的小技巧，如当团队处于高压状态时，让下属们暂时放松一会儿，然后拿出纸和笔，让大家用左手画圆圈，用右手画方块，最后评比一下谁画得最好，并进行适当的奖励。类似这样的小节目占用不了多长的工作时间，却能让下属有机会放松一下，开心一笑，也能起到释放负能量的作用。

第四，布置轻松的办公环境。

办公环境对一个人的压力缓解有着很重要的作用，却常被一些管理者忽视。有些团队所在的写字楼堪称是“工作的地狱”：满桌子都是堆积如山的文件，满地堆着没拆包的打印纸，工位隔断上贴着工作小贴士……看上去每个下属都在有条不紊地工作，管理者很有成就感。然而事实并非如此，长期工作在这种环境下的人，只会越来越恐惧上班、恐惧工作。所以，管理者应当改善这种释放负能量的办公环境，将和工作有关的用具、物料尽量放在不被人看到的地方。对那些办公桌堆满文件的下属，可以提醒其保持整洁，从视觉上给自己“减负”。另外，管理者还可以多和下属沟通，问他们喜欢什么样的花卉植物、摆件或者其他装饰用品，在投资不大的情况下适当购买一些放在办公区，让大家保持良好的心态。轻松的工作环境不仅有助于让下属减压，更会集中他们的注意力，提高工作效率。因为越是简单整洁的工作环境，越是能给员工提供全身心投入的动力。

第五，下达任务讲究策略。

很多团队给自己设定了宏伟的战略目标，恨不得一年之内就成为上市公司，两年之内成为百强企业，三年之内走向国际化……这种敢于做梦的精神值得肯定，但不能因为心急而将压力传递给下属，搞“大跃进”，这样只会增加下属对工作的厌恶和反感，强化负面情绪。合理的做法是，管理者不要过多强调某个项目有多么复杂的内容和多么漫长的进程，要一点一点地传递给下属，让他们拥有获得阶段性胜利的成就感。比如本月需要拿下多少订单，你就明确告诉责任人拿下多少订单，下个月增加了多少订单任务往后推一推再说，千万不要将连续几个月的业绩指标都一股脑儿传递下去，让下属听了之后脊背发凉，即便完成了本月的业绩指标，一想到下个月的压力又会头疼。一个人心萎靡不振的团队，如何驱动他们去创造业绩呢？

第六，建立劳逸结合的工作体制。

身为管理者要考虑到下属的疲劳期，要懂得“磨刀不误砍柴工”的道理，可以在获得阶段性的成绩之后，让下属享有自主休息的权利。另外，在每天的工作时间里也可以这样和下属沟通：大家认真工作一个小时就可以自由休息5分钟。这样能让下属缓解疲惫感，增强工作兴趣和效率。有的管理者担心会因此涣散团队的士气，其实并不会如此，因为只要有业绩指标跟着，下属偷懒最终也是损害他们自己的利益，采用高压措施驱使他们工作，只能白白消耗他们更多的精力。

第七，树立团队榜样。

人们常说，榜样的力量是无限的，不过每个人心中都有不同的榜样。管理者听到这儿千万不要误会，我们所说的榜样不是全国劳动模范，而是一些成功的名人：可以是优秀的企业家，也可以是正能量的明星艺人。管理者不妨在团队中做出规定：下属可以将偶像的照片摆放在办公区，但要在开例会的时候讲出崇拜他们的原因和相关的励志小故事。现在职场中的很多年轻人都有崇拜的偶像，让他们在忙碌之余看一眼偶像的照片，也能排遣一定的压力，从而激发他们的工作斗志和韧性。

管理者帮助下属释放负能量的核心是采取人性化管理，因为只有充满人文关怀才能不断点燃下属工作的热情，热情被激发了，人心就积极活跃起来，就容易带领下属去攻坚克难。现在一些团队最缺乏的就是人性化，不少管理者难以正视负能量的危害性，甚至还认为某个下属有负能量是本人工作态度或者能力有问题，忍受不了就直接开除，殊不知这种简单粗暴的办法只会换来更多负能量的新员工，也不利于在团队当中传递正能量。

2. 传递正能量，工作效率高

在职场中工作，下属很容易受到身边人的暗示或者影响，在一定程度上影响他们的工作效率、兴趣方向和团队共识。正如古人所说的“近朱者赤，近墨者黑”。下属们互相传递的信息有时候可以强烈地感染对方的情绪，形成正面或者负面的内心世界，将决定着团队未来的发展状况。很多管理者都努力为团队创造出一种和谐、正向、积极的工作氛围，当团队中的大部分人都充满正能量时，就会提高团队自身的战斗能量，也会让每一个成员增强对团队的忠诚度。

只有当团队充满正能量时，才能在工作中保持毫不动摇的决心，才能在面对困难时不气馁不放弃。每一个团队成员都有强烈的责任感，相信自己能够完成任何艰巨的任务。每一个成员在内心深处都能够认同团队的发展愿景、使命以及价值观，在心中树立起对共同理想的承诺并和其他成员建立坚不可摧的团队情谊。

作为团队的管理者，想要打造一支充满正能量的团队，就要关注团队中的每一个成员，因为正能量恰好存在于他们心中。正能量是无法被生产的，也不能强求，更无法用金钱来换取，它来自拥有它的人，因为每个人都有可能释放并传递正能量。从这个角度看，假设你要打造一支正能量团队，就要采用正确的沟通话术，营造良好的沟通氛围。只有在这样的环境里，你的下属才有足够的安全感，才能有意识地迸发出正能量。

那么，正能量的下属到底体现在哪些方面呢？

第一，积极的工作态度。正能量的下属通常都是有计划做事，有条不紊工作的人，他们不会拖延工作，具备很强的执行力，为了达成一个目标坚持不懈。

第二，自信心。正能量的下属有着一种发自内心的自我肯定和积极向上的态度，这是他们做事成功率高的一个重要因素，他们有能力解决那些他人难以解决的问题，越是有难度的事情越有挑战性。

第三，正确的价值观。正能量的下属必定拥有正确的价值观念，他们知道自己为什么而努力，怎样去努力，也会通过自身的努力向身边人传递这种正向的观念。

第四，知恩图报。正能量的下属大多数拥有善良的心，他们懂得感恩，对帮助过自己或者批评过自己的人都能感念对方的好并予以一定的回报。

综上所述，如果一个团队中拥有着具备以上优秀特质的下属，那么他们就是拥有正能量的下属，应当被管理者重视并树立为榜样。

从前有两个人，一起去山上寻找美丽的石头，甲装满了一筐，而乙只拿了一块他认为是美丽的石头，结果遭到了甲的取笑：“为什么你只挑了一个呢？”乙回答说：“虽然有很多美丽的石头，然而我只挑选一个最美丽的就足够了。”后来两个人一起下山，甲感到身上背着的筐越来越重，最后只能挑选那些不太美丽的石头扔掉，等到他们到达山脚的时候，甲只剩下了一块石头。

通过这个故事可以发现，乙是一个懂得取舍、懂得珍惜的人，他不会博爱，也不贪婪，传递的是一种正能量；而甲不懂得欣赏美丑，不具有深谋远虑的视角，是负能量的代表。如果一个团队中都是像乙这样的下属，自然会增加团队的战斗力；而如果都是像甲这样的下属，就会造成工作效率的低下和战略方向把控的偏移。作为管理者，应当尽量将下属培养成乙这样的正能量角色，而减少甲这种角色的存在。

通常，那些负能量的下属经常被不良情绪所困扰，比如职业发展的苦恼，薪资待遇的苦恼以及社会环境变化的苦恼，等等。这些负面情绪只要善于开导和排解，都能够在一定程度上弱化，确保整个团队处于正能量的光环之下。归根结底，正能量、负面情绪的区别在于心态。下属的心态出了问题，管理者就必须帮助他们调解，使之回归到正确的轨道上。

我们之前探讨过如何释放负能量，这仅仅是团队正能量建设工作的一个方面，因为释放了负能量并不意味着就真正填满了正能量，准确地说，释放负能量是为了减压，而传递正能量是为了充电。因此，单纯依靠几个优秀下属作为正能量的典型和榜样是远远不够的，需要管理者参与进来。

第一，管理者要为下属培养信念。

所谓培养信念，并非是简单地让下属接受团队文化，而是让他们为自己树立正确的人生观、职场观和家庭观等。也就是说，只有当一个下属能扮演多种角色时，他才真正拥有了正能量的来源。有些管理者片面追求经济效益，把下属培养成了人肉机器，只知道拼命干活，却不懂得享受生活，不懂得经营感情，结果钱赚了不少，但家庭破裂了，朋友疏远了，同事对立化了，最终造成了团队的四分五裂。

管理者要学会在日常沟通中全面了解下属、多向培养下属，不要张嘴就是工作、指标、任务，可以多谈谈兴趣、人生、梦想。如果下属不愿意开口，可以先从自己谈起，比如可以这样开场：“当年我在你这个位置的时候，我还没有结婚，那时候和现任刚认识，每天工作却很忙，根本顾不上约会，后来她就生我的气，我呢？也发现太痴迷工作了，后来就尽量挤出时间陪她，哪怕是只休息一个小时也会去她的单位找她，一起吃个午饭……”利用这样的经历回顾，势必能引起下属的情感共鸣，让他们愿意和你分享相似的故事，在这种交流中帮助他们形成、完善正确的恋爱观和婚姻观，也就间接地处理好了个人生活和职业生活的关系。当管理者和下属深度沟通之后，他们的内心也更愿意听从管理者的劝诫、引导和差遣。

第二，创造情绪氛围，增强下属感受。

什么是情绪氛围？是团队中成员的总体情绪状态。如有的团队是死气沉沉的，有的团队是呆板木讷的，有的团队是活泼好动的，有的团队是激昂亢奋的……这些不同的群体情绪就构成了不同的团队情绪氛围。一个只知道干活、加班、指标的团队，不仅不会有良好的情绪氛围，也不会有优异的工作业绩，即使能够取得一些成就也是短暂的，因为每一个成员都缺乏正能量，团队就不具备可持续发展的动力。

那些懂得创造良好情绪氛围的管理者，往往都是擅长花“小心思”的人，比如有的团队在办公区域增加一个吧台，或者购买台球桌，组织各种文娱活动，或者为吸烟者开辟了专门的吸烟室……这些看似微不足道的安排，都能促进团队养成良好的情绪氛围。另外，管理者需要在这种氛围下进行沟通，比如在团队召开例会的时候，管理者可以在正式开会前说些无关紧要的话："昨天咱们公司第一届内部台球大赛正式闭幕，××最终获胜，成为我们公认的台球之王，大家给点掌声……好了，言归正传，我们来说说能否用这种比赛精神拿下我们这个月的业绩总指标……"运用这种话术，能够减少工作压力和会议自带的压抑氛围，还有益于管理者和下属个人关系的改善，对团队的情绪氛围营造十分有帮助，能够创造出一种被下属广泛认同的价值观和团队精神，这个精神就能够激励下属超越个人情感，以高度一致的情绪去完成团队的目标。

第三，学习情绪知识。

有情绪心理学家认为，情绪知识在决定人们的行为结果时能够起到平衡作用。掌握了一定的情绪知识以后，能够帮助下属更好地适应团队。因此，管理者可以通过传播针对性强的情绪知识，提高下属对团队管理实践的理解能力，让他们具有更强的动机适应团队的需求。比如，管理者可以通过微信群、QQ群、OA社区等线上工作交流平台，定期发布相关的情绪知识，然后定期对下属进行小测试，督促他们认真学习，避免敷衍了事，提高他们的重视程度。

条件允许的话，管理者可以通过召开短时间的情绪知识分享交流会，鼓励下属互相分享改变情绪的经验心得，也可以自己传授一些经验心得。比如可以这样说："你们别看我整天乐呵呵，其实作为主管的我压力比你们都大，但是我懂得如何去释放。告诉大家一个秘密，我每天晚上都要消灭一个水果，苹果、香蕉、梨等，但是消灭之前我会把这个月的业绩目标用果汁写在上面，然后几口吃掉，这样就给了我坚持下去的动力。"通过这种分享心得的沟通方式，能够增进管理者和下属彼此的了解，缔造上下一心的良好团队关系。

无论是哪一种类型的团队，都是社会构成的一部分，团队除为成员提供必要的物质满足之外，还应当正确引导他们寻找一条通往幸福的道路，以科学、健康、高尚的精神追求和团队的愿景目标相结合，从而让团队成员充分享有更有意义的职业人生。站在管理者的角度看，只有下属普遍积极乐观、自信满满，才能形成一股强大气流，用正能量去抵消负能量，用积极的心态去迎战眼前的困难，让他们的心和管理者的心合为一体，最终改变团队的精神面貌。

3. 激励士气，有利于提升团队战斗力

现在很多管理者都头疼团队士气不高的问题，甚至有人认为：“每个人都是懒惰的，区别只有更懒和最懒。”这种错误的认识让他们先入为主地给下属们贴上了“懒癌”的标签，于是自己化身为“监工”，督促他们工作，其实这是误入歧途。一个团队是否具有士气，是和管理者的沟通技巧息息相关的。很多时候，团队士气低落是因为缺乏源自内心的动力，导致他们无法调动积极性投入工作中，这就需要管理者激活下属深藏于心的动力，进而提升他们的战斗力。

根据行为科学研究发现，大多数人都是愿意承担责任并希望能进行自我控制的，并非是人们印象中的被动和懒惰，只是缺乏必要的心理动因。在团队中也是如此，管理者不必担心下属是不会思考的被动接受者，要相信他们能够进行自我控制，并利用他们潜在的主动性参与到团队的决策和执行的环节中。

激励士气不是开会时喊喊口号，也不是闲聊中给下属“画饼充饥”，而是需要建立起切实可行的激励制度。通常，激励士气需要和一

定的物质利益挂钩，这样才能最大限度地抑制下属的消极情绪。同时要通过设定规矩激励下属，给团队提供一套完整的社会评价标准和行为规范，促进下属主动地进行自我肯定。

激励制度要将物质和精神激励相结合，按照物质利益的法则，团队不仅要满足下属的物质需求，更要满足其精神需求。有一些管理者对此不以为然，觉得钱给了，东西发了，下属该好好干活了，其实不然，正如我们前面说到的马斯洛的需求层次，你的下属工作到最后往往追求的不是物质层面的需求，而是精神层面的需求。

管理者要想合理利用激励制度，要创造良好的沟通环境。可以将交流的地点转移出办公区域，比如同下属一边打球一边聊天，只有进入了相对陌生的新环境，才能避免下属紧张，让他们淡化“上下级”的观念，这样就会增强激励的效果。有些管理者总认为在会议室开个会就能让下属热情洋溢，这种错误认知要不得。

心理学有一个名词叫作“皮格马利翁效应”，这是根据一个希腊神话故事命名的。

皮格马利翁是塞浦路斯国王，擅长雕刻，他对人间的女子没什么兴趣，所以决定永远不结婚，他用自己出色的技巧雕刻了一个象牙少女的雕像，将全部热情倾注在这座雕像上，就像爱护一个活生生的妻子那样，还给她取名叫加拉泰亚。后来，皮格马利翁向神灵乞求把雕像变成他的妻子，爱神阿芙洛狄特被打动，赐给雕像生命，让他们真的成为了夫妻。

皮格马利翁效应是指人们出于对某种情境的知觉而产生的预估或者期待，会让这个情境产生适应这种期待的效应。简单来说，你想要成为什么，你就会朝着那个期待的方向而努力。

很多时候管理者需要反思，为什么你的下属只有三分钟的热度，是因为他们真的懒惰吗？不，其实是他们没有做真正要做的工作。有些下属天天忙得不可开交，却做着一些无用功，不能直接和业绩挂钩，更得不到团队的认可，如何能充满激情和干劲呢？因此，激励下属要先分析他们的三大需求。

第一，地位的需求。

这个地位并非指的是职位，而是下属需要被团队认可，他们希望自己做的工作能够被团队看到，更希望他们的成功被肯定，他们的挫折被理解，他们的要求被满足。管理者为了满足这种需求，就要通过多人会议来实现。比如某个项目的负责人遇到了困难，产生了退缩之心，管理者得知后要召开会议让其他人支持负责人，并解决可能存在的人际关系不和的问题，这样才能带动团队的整体士气。需要注意的是，遇到这种情况，管理者要尽量避免和负责人一对一沟通，因为这会导致信息不对称，甚至会造成团队成员之间的猜忌，不利于共建和谐。只有公开表示对负责人的支持，才能满足他们渴望被认可的需求。

第二，授权的需求。

授权并非是让下属揽权，滥用权力，而是与工作内容相关的授权。作为管理者，应当让每一个下属在进入项目之后拥有和岗位职责相匹配的授权，不能贪恋权力，不给下属自由发挥的空间，这样会让他们产生自己仅仅只是执行者的认识，自然会降低士气，养成破罐子破摔的坏习惯。比如在分配某项任务的时候，管理者可以对负责人说："现在任务交给你了，情况紧急时你可以自行决定，不必向我汇报。"这会让下属更有底气，做事时会更好地发挥主观能动性，而管理者也不必担心下属会肆意越权——你给了他更高的期待，他就会像皮格马利翁的雕像那样越发完美和真实。

第三，荣誉的需求。

每个积极向上的人都渴望成为团队的功臣，越是能力出众的下属，这种渴望就越强烈，他们渴望成功，希望被团队“颁发”军功章，希望在功劳簿上铭刻自己的大名。相对地，这些优秀的下属也会更害怕失败，他们虽然愿意接受挑战，但是更容易给自己施加压力，这时需要管理者尽早地对他们的成绩做出肯定。比如在开例会时可以说：“大家好，因为有你们的努力才有我们的成就，昨天我们的团队诞生了一位传奇人物，大家知道是谁吗？他就是×××，在本月超额完成了任务，给我们团队创造了效益，希望其他人也能够超越他，下次例会我就直接替换名字，不用写稿了。”这种话术既显得风趣幽默，又点名褒扬了有贡献者，还对其他人进行了激励，可谓一举多得。

那么，管理者可以通过哪些沟通方式强化激励的效果呢？

第一，提高待遇。

当下属工作达到一定时限之际（三个月、半年、一年这样的时间节点），管理者应当对有贡献、有潜力的下属给予加薪或者升职。因为薪资待遇是最容易让下属鼓足干劲的因素，当然这需要管理者和下属一对一沟通，不能让其他团队成员知道，否则会产生矛盾。在具体沟通时，管理者要表现出一直记着下属的入职时间和取得的业绩，可以说：“我记得你是××年入职的，那年冬天特别冷……现在转眼一年过去了，我考虑为你涨一级工资。”这样既传递给下属提升待遇的信息又增进了感情。或者还可以这样说：“你在咱们公司已经工作了3年5个月了吧？根据你的表现，我考虑给你更好的岗位，发挥你的才能。”当下属得知管理者牢记他们的入职时间时必定会深受感动，这时候工资能涨多少反而不那么重要了，因为他们知道了自己在管理者心中的地位，多会感恩戴德，加倍努力地工作。

第二，提高声望。

这里所说的声望不是指职位，而是在团队中的人气和热度，虽然大家都是平级的成员，但是开会时第一个发言的、总被点到名字向大家介绍经验的代表，往往意味着管理者十分重视。即使没有任何物质上的奖励，这种精神层面的“高职”也会满足一部分下属的虚荣心。提高声望是一种打破传统管理的方法，让处于不同层级的下属获得更多的团队内部曝光率，增强他们的上进心，他们为了维持声望会更好地表现。

第三，提高难度。

那些积极上进的下属，很多时候在意的不是钱，而是成就感，而成就感的直接关联因素就是任务是否具有挑战性。如果你给能力出色的下属总是安排没难度的任务，时间长了，他们自然会缺乏激情，要适当给他们安排难度高的工作，在安排工作时可以说“这个任务我觉得只有你能完成”或者“到目前为止，咱们团队中还没有成功的先例，你能不能试着打破一下？”管理者说这些话时要避免给下属施加压力，因为他们会有自己的判断，对你安排的任务也会重视起来，激情也就燃烧了。

第四，提高目标。

这里所说的提高目标不是增加难度，而是指设定远期战略目标。有时候激励下属需要让他们产生期许和憧憬，并在执行的过程中不断强化。比如当下属完成一个阶段性目标之后，你可以这样说：“很好，距离我们的十年远景计划迈出了一步。”如果觉得力度不够，还可以通过制作完成进度的宣传板，用图文形式让远景目标更加形象和生动，抑或是把业绩突出的下属名字写在宣传板上，激发他们的事业心和责任心。

随着市场竞争越发激烈，无论从事哪种行业的团队，都需要更高昂的士气来维系团队战斗力，这关系到团队的口碑形象和生死存亡，尤其是那些有发展潜力的下属，他们更需要被管理者挖掘出来并放在最合适的位置上，团队内部需要通过建立激励机制维系成员的工作热情，让他们任劳任怨地挑战更高的目标，以产出更大的价值。

4. 完成自我反省，促进团队建设

曾子曾说："吾日三省吾身。"长期以来，很多有修养的中国人一直将这句话当作修心、修身和修性的座右铭。对于一个团队来说，无论是管理者还是其下属，也应该具备"三省吾身"的意识，只有不断总结经验和认识，才能提高管理能力和执行能力，时刻保持着头脑的清醒。因为市场是变化的，时代是变化的，只有懂得顺应潮流的团队才能不断进步，而这进步的动因就是不断地反省。发现自身的不足，就要及时纠正，拿出追求完美的态度去工作，才能获得成功。

在日常工作中，偶尔遇到难题而降低了工作效率，这是再正常不过的事，舍弃了反省能力和反省精神才是最可怕的。心理学上有一对名词叫"内归因"和"外归因"，它指出了人类思维方式的分水岭：内归因者习惯将问题归结到自身，外归因者习惯将问题归结到环境。虽然单纯的内归因或外归因都是错误的，然而对于成长中的团队成员来说，偏向内归因的思维方式更有利于能力培养，更容易让他们聚焦内心，从心出发去认识问题，这种思维方式有助于管理者对他们进行引导。正如人们常说的那句话："我们不能改变环境，我们只能改变自己。"身为管理者，应当不断启发下属自我反省的意识，让他们多从自身找原因，而不是将失败推给外部原因。

某公司有一位新来的下属，是个名校毕业生，但是按照规矩需要从基层做起，后来他和同事聊天时抱怨道："像我这种天之骄子为什么要从基层做起呢？简直就是浪费人才。"在这种情绪下，这位下属的工作积极性逐渐减弱，他认为做这种平凡的工作不能大展宏图，开始筹划着跳槽。他的上司发现这个情况后找到了他，拿出了一份被遮挡住名字的工作简历，下属看了以后发现这个人的初始岗位和自己一样，然而最终却成为高层管理者。这时，上司将手挪开，下属才看清原来这个神秘的员工正是管理者本人。管理者对下属说："你认为无聊的、平凡的工作，其实都是在为将来有趣的、有价值的工作做铺垫。"下属若有所思，后来上司一有空就给他讲当年积累工作经验的经历，下属终于意识到：没有一个摸爬滚打的过程就想谋求高职是不现实的。从那以后，他每次在工作中遇到困难时都会认真记录，请教团队中经验丰富的老员工。经过一年的磨炼，这位下属终于掌握了团队很多业务的窍门。

在这个案例里，管理者启发下属进行自我反省的方式很巧妙，他没有直接进行批评和否定，而是用自己的真实经历对他进行了开导。反过来看，这位下属也很快意识到了自我反省的重要性。因为不能正确认识自己的人是可怜的，会在漫长的奋斗道路上迷失方向。

一个优秀的员工，必定要具有自我反省和自我修正的心态，这不仅是工作态度，也是人生态度。只有不断进行自我反省，才能更迅速、更全面地发现自己的优点和缺点，以提升自我。

沃伦·巴菲特曾说："在犯新的错误前回顾一下过去的错误倒是个

好主意。”巴菲特在几十年的投资生涯中也犯过投资错误，然而他能够正确面对这些错误，并能通过对错误的分析和总结不断完善他的投资策略，最终创造出了更辉煌的投资业绩。

曾经有一位北美的大公司副总裁说过：“停止这种埋头苦干的做法，花点时间来自我反思。”的确，现在很多管理者为了追求业绩，一门心思将精力放在工作上，却忽略了思维的培养和清理，忽视了反省的重要性。现在，国内已经开创了很多关于“反思思维”的培训课程，针对的就是一些中高层的管理者，要让他们认清自我反省的必要性。作为管理者不能是懒惰的，要随时放下手头的工作进行反省并不忘记帮助下属进行反省。

现代管理学有一个观点是：管理者必须是行动者和思想者的有机结合。高效的管理注定要植根于实际行动和抽象思考之间，只行动不反省会不断犯错，只反省不行动也许连犯错的机会都没有——因为可能会一事无成。那么，管理者该如何在沟通中帮助下属进行自我反省呢？

第一，打造个人反省和集体反省的同步模式。

作为一个团队来说，应当有个人反省和集体反省两方面的工作。

个人反省，是针对单个下属的反省工作，最好要远离工作时间或者是工作闲暇时间，管理者可以通过一对一的沟通方式，和下属谈论一些已经完成的项目，因为完结的项目不会给下属带来压力，管理者不妨尝试这样的开头：“上个月咱们那个项目在××酒店做的签约仪式，环境不错，你觉得呢？”下属在这种话术的诱导下会谈一谈自己对该酒店的感受，管理者可以顺着这个话题聊下去，然后话锋一转：“如果这个项目成了，下个月还去那里。”这样就将话题转移到了当前进行的项目中，下属也会意识到“如果这个项目成了”背后的深意，管理者可以通过总结上个项目的不足和教训，督促下属尽心竭力地完成当前的项目。另外，管理者也可以更直白的方式开场：“你觉得我们是不是还有很多实力没有发挥出来？”或者“我们这次也可能太顺利了，有些问题没有被暴露出来”。通过类似的询问式沟通，管理者有机会了解下属更多的想法，能够窥探到他们是否也意识到需要反省的某些问题，有则改之，无则加勉。

集体反省，是针对全体下属或者某个小团队的下属的反省工作。管理者可以通过召开一些项目复盘会进行，由于涉及的人员较多，不必太过在意大家的感受，可以单刀直入地讨论某个项目的失策、失败的原因，让大家畅所欲言。

归根到底，个人反省不是目的，集体反省才具有最终意义。任何一个想要带好团队的管理者，都应该清楚只有完成集体反省才能优化团队。一个团队必须认识到当遭遇挫折时该做出怎样的判断和思考。

第二，不定期召开反省会。

既然管理者可以通过课程培训来学习反思思维，那么也可以将课堂上的某些内容移植到团队内部的会议上，并寻找鲜活的案例将实践和理论相结合，让大家通过情景还原、角色扮演的方式反思完结项目中存在的问题，拓宽团队成员的眼界，提高他们辨别是非的能力。另外，管理者可以通过布置作业的方式，让团队成员对复盘的项目撰写经验提炼和教训总结，并对那些有独特看法的建议进行奖励，帮助大家养成自我反省的习惯。

有些管理者会觉得反省会单独召开没必要，可以穿插在其他会议中，这种想法很片面。因为在很多集体讨论的会议上，不管参会人员有多少，大家都喜欢围绕一个中心、遵循一条主线并在几个重要发言者的带领下进行讨论，这种模式适合集中解决问题，并不适合提出问题，而自我反省的首要目标就是提出问题，因此是存在着矛盾的。所以，反省会一定要单独找时间召开，不要介入其他主题。而且，在管理者引导团队进行集体反省时，一定要让所有人都成为发言者而非倾听者，要让大家共同参与到讨论中，这需要管理者在交流的过程中提及每一个部门和岗位，要让团队成员的注意力都集中在一个频率上，并且鼓励不同意见的存在，也可以适当进行讨论。

第三，传授自我反省的“小方法”。

自我反省应该是一个团队要长期呈现的状态，不能只开几次反省会、项目复盘会做样子，所以管理者可以培养下属通过一些小方法、小手段随时进行反省。比如管理者可以发给每个团队成员一个小本子，取名叫“反省手册”，让大家每天都记录几条自我反省的心得，然后收集上来进行汇总分析，对那些具有代表性的反省心得进行讨论，帮助团队成员共同进步。另外，还可以让下属在每天清晨进行反省。相关科学研究证明，人类的很多深刻见解都是在早晨产生的，因为这是人们一天压力到来之前最安静的时刻。如果下属在清晨过于忙碌没有足够的时间，也可以改在周末或者节假日进行，既不会占用太多私人时间，也不会影响正常休息。

反省是一个知易行难的工作，也是现代企业管理不能回避的话题。管理者只有率先进行自我反省才能积累更多的反省经验，在督促下属反省时会有更强的说服力和更高明的沟通方法。但是千万不要忘记，只针对管理者本人或者某个下属的反省是无效反省，必须让整个团队形成“反思思维”，才能确保团队的战斗力拥有永不枯竭的源泉。

5. 明确战略方向，活跃团队积极性

有人说，市场的决战是企业管理者之间的决战，这话不假。不过具体到团队管理的环节上，很多人又摸不清方向：企业管理的概念十分宽泛，到底怎么做才算是掌握技巧了呢？有人做过这样一个比喻：企业管理是一条没有航标的河道，稍有不慎就会在里面沉没，而唯一能保证不沉的就是战略。企业的战略是灯塔，是领航员，是航海地图，是最清晰可见的。

哈佛大学教授迈克尔·波特曾说："一些CEO声称世界变得太快，他们的公司难以有长期战略。但我说，恰是这样的世界，战略比以往更显重要。"的确，没有战略方向的团队和没有远大理想的人一样，都会在发展的道路上越来越迷茫。然而什么是团队战略，很多管理者一直存在着误区，在他们眼中，经济效益、产品口碑、社会知名度这些是战略，却恰恰忽视了实现战略的重要元素——团队成员。

试想一下，一个整天只知道将数字挂在嘴边的管理者，能让下属感到幸福吗？能让他们将团队的战略成败和自身命运的走向结合在一起

吗？当然不能，甚至会拉大他们和团队的心理距离，引发团队震荡。因此，最根本的解决方法是通过明确团队的战略方向，让下属获得归属感。当下属不再为丢掉饭碗而发愁时，才能产生追求自我价值实现的愿望，才能对幸福指数的要求越来越高。

日本经营学专家坂本光司认为，经营公司是为了履行“对五个人的使命与责任”。这五个人的使命是：让员工和员工的家人幸福，让下游厂商的员工幸福，让客户幸福，让当地社会幸福，让股东幸福。现在这种观点已经得到了国际上广泛的认可，也成为经营和管理团队的秘诀。从这个角度来看，团队的战略方向决定了团队成员的幸福感。只有当下属感受到来自管理者和团队的温暖和人情之后，他们内心的对立情绪才能渐渐化解，才能和管理者连成一心。

香港人力资源管理行业曾经透露的一组数据显示：在长三角和珠三角地区的2000余家港资企业中，70%的员工在离职时提到了三个原因：薪资待遇、晋升机会和企业战略与工作环境的不协调。前两项原因对于管理者来说，或许通过加薪和升职就能满足，但是最后一个企业战略该如何满足呢？由此可见，团队的战略事关成员的幸福指数，也决定了团队的稳定性。只有当你的下属对团队战略认可之后，才会主动付出，为实现战略而不计一切地工作。作为管理者，要采取五种手段帮助下属明确团队战略。

第一，明确下属在团队发展战略中的角色。

管理者想要提升下属在团队中的幸福感，就要以人为本。现在很多企业的战略方向都是以经济效益为核心，除了业绩指标能否达成之外对其他的都漠不关心，站在企业发展的角度来看虽然没错，但由此产生了一个问题：企业获得的利润是否和员工的利益相挂钩？如果没有，那么员工的幸福感从何而来？

作为管理者，不仅要在脑海中为下属规划出一张战略发展的蓝图，更要通过实际行动让下属明白这是团队奋斗的方向。幸福感植根于下属的内心，满足了他们的幸福感就是给团队创造凝聚力和向心力。具体的沟通策略是，可以多搞一些气氛轻松的务虚会，将战略思路描述清晰，为团队中的每一个部门、每一个岗位都勾画出美好的未来。在和下属交流时，要多谈细节，少谈框架，千万不要“画大饼”。比如，你可以说在团队达到某个阶段之后为下属们配备独立的办公室、高端的笔记本电脑，如果短时间内无法实现也要锁定一个小目标，比如提升午饭的伙食标准和带薪年假，这会让下属意识到团队战略与他们自身的利益是合为一体的。

第二，将团队战略和人性发展相结合。

幸福指数只是一个表层的数据，它在深层上反映的是人的尊严问题。团队的战略方向一定是符合人性心理的，不能为了追求利益而牺牲下属的个人时间，即便是给予一定的物质回报，也要充分考虑到什么是金钱解决不了的，解决不了就必须替换其他的奖励方式。比如，管理者对那些需要照顾孩子、需要抽出时间相亲的下属，要多多关心，不能对他们的个人生活完全无视，要给予他们和家人团聚、追求婚姻幸福的机会，让下属感受到被尊重和关怀的真实感。比如当某个项目进行一半时，管理者可以承诺给已婚下属几天小假期，与那些单身下属可以聊聊他们心目中的适婚对象，甚至帮助他们安排相亲。这些举动不需要花费多少钱，却能让下属明白团队的战略不是以牺牲他们的幸福为代价，而是为了他们获得更美好的生活而制定的，也就为他们免去了后顾之忧，他们也就更容易与团队合为一心。

第三，构建人性化的管理法则。

团队想要完成一个宏远战略，没有完善的体制保障是不行的，会让下属误认为团队是剥削他们剩余价值的资本家企业，他们对手头的工作就会失去动力和信心，安全感骤降。为此，管理者需要出台一些规章制度，尤其在下属工作和个人生活产生冲突时。比如加班晚于八点应当允许员工乘坐出租车回家或者报销车票，长期出差的可以根据具体时间提高伙食住宿的标准，等等。切记，管理者公布这些规定时一定要在正式场合，比如某项目的工作会议开始之前，这时下属的注意力比较集中，会增强他们对这些规定的认可程度，既能保证对他们的尊重，又能缓和团队成员之间相互猜忌和嫉妒的紧张关系，为整个团队创造良好的发展空间。有了制度的保障，下属会更加坚定地执行团队战略计划，他们的幸福感和安全感便会由此增强。

第四，要为下属提供战略思维所需的指导概念。

这个指导概念首先是“以行为本”，需要管理者以身作则并清楚：如果不能为下属提供这些指导而是将他们当成机器驱使，团队的战略就不可能实现。这并非是要求让每一个下属都成为战略思想家，而是让他们理解工作和团队成功的关系。管理者在每开展一个项目时，要讲出项目背后的原因和未来发展的关联。比如要开拓新的销售渠道，管理者要指出这些新渠道对占有市场、培育品牌的作用，不能单纯用数字做说明，要让下属了解战略的具体组成部分，这样他们才能更密切地服从团队的安排。

第五，要让下属对团队的战略表示认同。

虽然团队战略会通过一些会议来传递给下属，但是让他们从内心深处接受并不容易，他们可能会产生排斥甚至否定的心态。管理者要弄清下属吐槽的“槽点”在哪里？如果是销售人员对营销活动不满意，是和他过往的失败教训有关，还是这项活动会减少他的提成？这都需要管理者和下属沟通，如果牵扯到下属利益的要用更多的利益回报，不牵涉到利益的要用团队愿景让他们认同。当然，管理者首先要明确团队战略是否正确，如果一个销售经验丰富的下属确实分析出某个营销活动存在弊端，那么管理者就必须做出调整，而不是一味地让下属接受，正如我们前面所说，团队的战略一定要和全体成员的幸福感挂钩，而不是强压着他们去执行。

这里有一个更深层次的问题，那就是让下属接受团队的战略，需要战略本身充满合理性和权威性，管理者要能拿出相似的案例鼓励大家。比如要进行一个风险项目时，管理者可以这样说：“××公司曾经走了和我们现在相似的道路，所以我们不是第一个吃螃蟹的人，大家不必多虑。”以便让下属放心。如果担心会有人质疑，还要提前准备出相关的数据支持，这样当下属质疑时你就可以对答如流，增强了权威性。

当然，即便管理者将上述工作都做到位，也无法排除个别下属依旧对战略排斥的情况，这时需要和持有强烈反对意见的下属单独沟通，暗示他们不要在公开场合过多质疑。如果担心他们有想法，可以这样说：“我知道你有反对的理由，也认同你的经验和能力，但世界上没有完美的战略计划，我们要达成的目标符合常规情况，希望你能理解。”

让下属接受团队战略并认真执行，不是开几次会、谈几次话就可以的，这是一项耗时较长、牵扯精力较多的工作，需要管理者在团队组建的那一天开始便付出努力，贯穿到每一个团队成员与团队相融合的过程始终，而且绝不能做表面文章，要从下属的内心诉求出发，满足他们的渴望。团队的战略不仅关乎团队的经济效益，更关系到成员的忠诚感和品牌信仰，管理者要及时了解下属的思想动态，多做沟通，让他们的观念融入团队的战略思维中，才有利于团队长远利益的维系。

6. 清除旧思想，提高团队意识的先进性

21世纪是一个新旧思想激烈碰撞的时代，互联网极大地影响和改变了人们的生活，全球经济一体化速度的加快和程度的加深，也作用于每一个企业。在这样的时代背景和经济环境之下，势必产生新思想和旧思想的更替。然而，旧思想也不会轻易灰飞烟灭，需要经历一个逐渐消亡的过程。

团队中的旧思想不利于团队发展，然而旧思想也非下属的“专利”，很多管理者也同样有守旧倾向。比如，现在一些管理者经常抱怨，说下属不好管，特别是90后，总是随着性子做事，心情不好就直接走人，说重了人家直接把你给炒了，说轻了又没有什么用。还有些管理者认为，年轻的下属真是打不得骂不得，还谈什么沟通技巧？

其实，这只是一些管理者的误区罢了，不是90后难管，也不是80后好管，而是没有用新思想去进行人才管理。我们不妨换一个思路：为什么会感觉下属难管？有人认为这是每个人的三观、兴趣和性格不同，想要按照管理者自己的模式加以控制当然会出问题。这话有一定道理但并

不全对，因为下属“难管”的核心不在于“难”而是在于“管”。

身为一个管理者，为什么总想着要去控制下属呢？要知道每个人都讨厌被人控制，逆反心理不仅存在于青春期，也作用于人类成长和发展的大部分阶段。控制和反控制，管理和反管理，说到底体现的是对人性的认知程度。这种观念折射的就是管理者的陈旧思想。

一个先进的团队，一定是一个抛却了旧有观念的团队，尤其是管理者的思维要创新，如果管理者的思想陈旧，下属的思维再新也没有意义。当然，如果只有管理者的思维先进而下属的思维落后，团队也没有战斗力。我们从“员工难管”这个话题可以延伸到一个关联话题——如何将管理者的先进思维普及整个团队当中？

第一，要让下属对团队建立忠诚感。

一些下属之所以不愿努力工作，是因为他们停留在“打工是给别人干活”的旧思想当中，他们看不到团队的发展会带动个人利益的提高，把自己纯粹当成了打把式卖艺的江湖人士，得过且过，不求上进，这种旧思想不除就无法提高团队的先进性。管理者要传达给下属“敬业=敬自己”的观念，让下属明白他们所做的努力不是单纯为了团队效益，也是为了他们自身能力和待遇的提高，这样才能让他们将自身利益和团队利益捆绑在一起，为实现团队的目标而努力。

具体的沟通策略是，让下属明确“为团队付出就会有回报”的价值观，对那些业绩突出的下属要进行奖励，特别是物质层面的，让其他下属看到如果他们同样努力工作也会得到奖励。需要注意的是，管理者在和下属一对一沟通时，可以多讲讲自己的成功过往，让下属意识到“敬业=敬自己”的真谛，多用真实案例说服下属而不要灌输心灵鸡汤，这样才能减弱下属的抵触之心。

第二，要让下属学会表达和沟通。

在职场中奋战，必要的交流和高效的沟通意义重大，尤其是团队成员之间的交流更是如此，不论一个人做出了多么优秀的成绩，如果不懂得表达也会给他的业绩“扣分”。因而，管理者和团队成员之间的创新思维，需要依靠有效的沟通才能达到传递和扩散的效果。比如管理者向下属安排任务时，时间总是有限，尤其是那些部门多、岗位多的大团队，管理者不可能面面俱到，因此需要提高沟通的效率，在较短的时间内将攻克项目的新想法、新策略传达给下属，这需要管理者提炼精华，用简练的话语吸引下属的注意力。相对地，管理者也应该要求下属提高沟通技巧，让他们将参与项目的心得体会随时反馈，这样才能有利于创新观念在团队中的有效交流。

第三，要让下属养成创新的主动性。

旧思想是从哪儿来的？一代代传下来的。那些不愿主动思考的人，脑子里保留的当然只有旧思想。所以，要想让下属清除旧思想，首先要让他们学会主动思考。关于这个话题，管理者可以适当谈一点成功学，让下属明白每个人都有成功的渴望，只有努力才能发现被别人忽视的商机，才能有机会找到成功之路。当然，也不必过多灌输成功学的东西，多谈谈商界精英的故事，让下属明白主动性和成功的联系，帮助他们建立了这样的先进思维，下属在做事时才能习惯主动思考，找到解决问题的突破口，从而给团队带来更多的创新思想。

第四，要让下属学会宽容与协作。

大家都听过这么一段话：“你有一个苹果，我有一个苹果，我们交换之后还是只有一个苹果；你有一个思想，我有一个思想，我们交换之后就有了两个思想。”很多时候，创新思维是在交流中诞生的。当今市场竞争的本质是团队的竞争，人才的价值也需要通过团队协作才能体现出来。一个优秀的产品经理离开了销售经理也无法让产品被消费者熟知，一个出色的销售经理也需要客服经理的服务为其保驾护航。有人说21世纪最值钱的是人才，最可怕的失败就是人际交往的失败。一个团队要想永葆活性，必须让团队成员之间建立起密切的沟通惯性。

管理者在考察下属时，要懂得弱化下属之间的矛盾，强调他们的共同利益，多谈部门少谈个人。特别是在私下沟通时，有些下属可能因为一时之气说了某个团队成员的气话，这时管理者不能顺水推舟，但也不能正面反驳，而是要平心静气地分析，比如这样说："××确实在这方面有缺点，不过上一次你们合作得还是很愉快的，你反映的问题我会跟他谈。"既要让下属出气，又不要让团队成员之间结下仇怨。有些管理者认为不团结的队伍更好带，因为他们不会团结起来对抗上级，这是一种极端错误的认识：管理者的存续价值在于团队的价值，一个不和谐的团队就失去了价值。

第五，要让下属树立起大局意识。

旧思想和新思想往往存在着大和小、远和近、长和短的区别。旧思想通常是和狭隘经验、本位主义相关，而新思想一定是和换位思考、高瞻远瞩相关。想要让下属清除旧思想，就要帮助他们树立起大局意识，无论是思考问题还是处理事情都不能只从个人或者部门出发，要以团队最高利益为准绳。只有培养出这样的世界观，才能让下属的眼界更开阔。

一个新员工来到某公司之后，由于遇到了产品设计方面的问题，为了攻克难关连续加班好几天，最后总算修改好了设计方案。然而管理者却没有表扬他的辛劳，反而批评了他，因为他所走的弯路早就被公司里其他的设计师尝试过了，如果他当时愿意主动和团队成员交流，根本就不需要加班。管理者告诉那位新员工："知道你犯错的根源是什么吗？缺乏大局观念，把工作当成了自己的事，而没有考虑会不会影响到其他部门的同步协作，才会闭门造车，这就是需要清除的旧思想。"

从这个案例中可以看出，缺乏大局观念的人，往往都是喜欢我行我素或者坐井观天的一类人，他们也许不懒惰，甚至很聪明，但是他们看问题的角度和解决问题的思路是片面的，注定难以产生创新思维，还可能拖整个团队的后腿。身为管理者，应当让团队成员经常进行沟通，交流工作心得，分享工作窍门。只有交流增多了，一个人才能跳出自身岗位的局限，了解整个团队的运行状态，才能以更高远的视角去思考问题和解决问题。

作为管理者，不要忽视旧思想的负面作用，它直接影响着团队成员的工作效率，如果对旧思想听之任之，企图靠等的方式让它自生自灭，那么在这个过程中可能会消耗一个团队的精神内力，让每个成员丧失进取心、创新意识和对时代感的感知能力，最终将葬送一个团队的发展前景。

Win Their Hearts，Before Calling It Your Team

第三章

巧妙分配任务，提高团队执行力

如果一个管理者动辄直接否定下属的意见，用粗暴的方式带领团队，那么即便是对的，也会让人觉得这是“专制”。巧接转承的真正魅力在于，既能够保证沟通的可持续性，又能牢牢地掌握主动性，让下属心悦诚服。

1. 让新下属“心动”的“四项话术原则”

一个团队的发展离不开新鲜血液，在人员流动、规模扩大、业务转型等情况下势必要招收新员工，如何与新员工进行沟通，让他们在最短的时间内接纳一个企业、一个团队，成为头等要事。说到底，要让新人从思想上、情感上、心态上和团队处于相同的频率，了解并连通他们的内心世界，让他们产生强烈的归属感和责任感。

很多公司对于入职的新员工都比较头疼，倒不是新员工能力一定不够，而是新人初来乍到，很多事都不懂，作为管理者也不了解他们的脾气秉性，很难选择富有针对性的话术与之沟通。犯了错误也不能随便批评，因为新员工对新公司还没有产生认同感和依赖感，跟部门负责人和同事也没什么感情，一句不当的指责很可能导致他们对企业产生糟糕的第一印象从而跳槽。但是站在管理者的角度看，不能尽快和新员工产生有效沟通，会让公司的计划、任务和指标无法推行，新老员工思想不在一条线上更会影响执行力，危及企业效益，因此必须让新员工真正适应角色。

让新员工适应角色的前提是令其“动心”——对企业产生好感，对管理者产生好感，这就需要采用有效合理的沟通手段。

马云曾经在写给员工的信中说道：“您可以有不同的观点和意见，我们一定会认真倾听，但不一定会按您说的做，也不一定会给您好脸色，因为我们也是人，我们也会生气……”同时告诫入职未满一年的员工“千万别写有关阿里巴巴的发展战略报告”。

马云的这封信反映了一个问题：管理者和新员工的沟通难度高于老员工，更需要话术技巧，既要让员工明确自己的本职工作，也要让他们对企业产生高度的认同感。和新员工相比，管理者容易揣摩到老员工的心思，老员工也会去揣摩管理者的心思，而和新员工的沟通就像是相亲，既想留给对方好印象又想最快地摸清对方的底细。

很多新员工喜欢抱怨，不能很好地执行公司的命令，因此会惹怒部门负责人或者公司高层，这也是马云写信的原因。究其根本，是新员工没有对企业产生好感和认同感造成的。如何产生好感？有“四项基本原则”需要掌握。

第一项原则，不能传递过多信息，注重拉近关系。

作为企业或者团队的管理者，都想在最短的时间内将公司的具体情况传递给新员工，让他们尽快了解工作职责和工作范围，正规的企业还会对新员工进行专门的入职培训。在这个阶段的沟通中必须注意，不要讲太多有关礼仪、纪律以及企业文化方面的内容，这并不是说不重要，而是因为信息量过载会让新员工不知所措，摸不清重点，从而产生排斥感。

最能够让新员工消化信息的方式是“少量多次”，即每一次谈话控制时间和信息量，分开时间和新员工沟通，比如在闲暇时间、午休时间、下班时间等。需要注意的是，每一次谈话都应该加入拉家常一类的内容，不能一味地介绍企业文化而不顾新员工的感受，要加入一些嘘寒问暖的内容，比如“这台电脑用得怎么样”“这个办公位置如何”，问的问题越具体，越能体现出对员工真正关心的意图，才能让新员工尽快融入企业中。

第二项原则，走访为主，沟通为辅。

话不在多而在精，言不在意而在境。新员工对企业有天然的好奇感和新鲜感，因此很多有关企业方面的信息他们能主动获取，并不需要管理者直接灌输，另外有些信息需要身临其境才能更好地吸收。比如，管理者和新员工聊起公司的营销团队如何才能强大时，可以带着新员工走访某个部门、引见骨干精英，配合简单的业绩介绍就能让新员工产生强烈的感性认识。不要在缺乏参照物、对比者的情况下谈及“我们公司去年如何如何”，而是“这是我们的××部门，去年业绩……”，这样给新员工的感觉是你在阐述一件事而不是在吹嘘某件子虚乌有的事。有了直观的介绍，才能让新员工尽快地熟悉工作环境并了解企业文化，对管理者的信任感也会增强。

第三项原则，鼓励新员工开口。

每一个新员工都会面对试用期的考核，这是他们渴望表现自己同时又害怕犯错的特殊时期，这一时期他们往往容易陷入两种状态：要么因为急于表现而变得虚假，要么因为担心出错变得畏首畏尾。要想打破这种矛盾的状态，管理者和新员工沟通时需要主动询问他们的困难，采取和老员工有差别的沟通方式。比如交给新员工一个任务一段时间后，若是像与老员工沟通时那样直接问“××项目进行得怎么样了”会让他们紧张，迫使他们审视自己的能力能否达到企业要求，所以最好采用“如果有困难随时说，我可以安排××来帮助你”这样的说法，表面上没有提及项目，但话外音是在询问进展情况，能够缓解新员工的紧张和不安，也会让他们坦然地面对困难，更能拉近他们与管理者之间的距离，提高工作效率。

新员工来到一个陌生的环境，一定会有自己的想法，这时要鼓励他们说出来，才能全面地了解他们的真实感受并进行引导，但是不能采用官方式的、套话式的话术，比如“你对咱们公司感觉怎么样”“工作环境能适应吗”这类空洞无味的话。要让新员工无所顾忌地讲出来，必须提及具体问题和细节，比如“××项目的工作进度比较紧张，担心你有压力，可以派××帮助你”，既能让新员工知道自己肩负的责任，又能让他们意识到公司是他们的坚强后盾。如果新员工觉得确实完成不了会提出要求，这时管理者就能找到问题所在，能够通过一个具体的话题点帮助新员工化解困难。

第四项原则，创造和谐氛围。

新员工不仅需要面对新的上司，更多时间面对的是新的同事。新员工对新环境和老员工会存在一种敬畏感，这种敬畏感既能促进他们成长，也能引发他们对企业产生隔阂感和陌生感。所以在协调新老员工搭配工作时，一定要照顾到新员工的这种心理。比如，在交代任务的时候可以采用昵称的方式拉近距离。介绍老员工时可以说“这是×××，××职务，以后你可以叫×哥（×姐）”，而不是采用“这是××，××部门的负责人，来公司几年了……”，这种介绍会加剧新员工对老员工的敬畏和疏离，不利于新员工迅速融入团队。

创造和谐氛围的核心是让新老员工互相尊重，也就是说在沟通中弱化职位高低、工龄长短、能力强弱这些内容，不要让新员工产生一种“我是菜鸟，他是老手”的感觉，要创造一种平等的关系。管理者让老员工指导新员工时，最好不要用“××是老人了，有问题你可以请教”或者“你好好向××学习”这样的话。因为即使是新人，身上也可能有老员工不具备的优点，这种带着徒弟找师父的话术等于默认“老强新弱”，不利于拉近新员工和企业的距离，还可能滋生老员工的优越感。所以最恰当的话术应该是“这个项目可以和××互相配合”，新员工有问题自然会向老员工提问，但是管理者的一句话会让他们消弭“新手上路”的自卑心态。在这种沟通模式下，管理者也更容易发现新员工的优点，尽早为他们日后的职业走向予以定位。

新员工和企业的磨合特点是，刚刚来到新环境，内心存在排斥感，管理者一旦在沟通中说错了话，可能会让新员工产生“这家公司不怎么样，也许下一家更好”的想法，对管理者和一个企业做出草率的否定。如果话术出现了严重错误，还可能影响到管理者的个人形象和企业形象，产生的无形损害是难以计算的。

有些管理者认为，和新员工坦诚相待最好，结果在和新人聊天时口无遮拦，表达出对企业的不满或者对某个员工的看法，这会让新员工先入为主地产生某种印象，即便他留了下来，后期想要颠覆这种认识也是很困难的。无论使用哪种话术，都要在遵循“四项基本原则”的前提下，与新员工入职后的心理状态相契合，让他们对新环境、新的管理者产生“心动的感觉”。这种“心动”能够在他们日后的工作中转化为生产力和经济效益。

2. 交代紧急项目要舍弃非重点

在某公司的培训课上，一位讲师做了一次测试，他描述了一辆公交车途经很多车站的过程。在他讲述期间，听众就开始计算公交车上下的总人数和车上现有的人数。讲师讲完之后立即提问："公交车一共走了几站？"听众这才意识到自己刚才计算的是无效信息。随后，讲师又开始描述另一辆公交车途经几个车站的情况，这次没等他发问，马上有位听众回答出了公交车经过了几个站点，然而讲师微微一笑说："你还记得哪个站点上来的人最多吗？"那位听众当场愣住。讲师解释道："经过几个车站和车上有多少人，都是没有商业价值的信息，最有商业价值的信息是哪个站点上车的人最多，说明该路段的人流量比较大，这才是有价值的。"

这个案例反映了沟通双方对交流内容的重点和非重点如何抓取的冲突，也就是说当沟通的一方和另一方信息不对称时，对同样的聊天内容会产生截然不同的观察视角和内容分析，而且站在哪一方的角度看似乎都没有什么问题。如果只是朋友间聊聊天倒也无所谓，可如果是团队内部分配一项紧急任务，那可要出大事情了。

管理者和下属的沟通模式，可以根据团队的实际情况和管理者的处事风格来决定，因此不同团队的沟通方式会有区别，但是有一类沟通不能太随意，那就是管理者向下属交代任务的时候，管理者必须专业、明确且简明扼要，如果交代不清，让下属产生了误解，将直接影响到项目的进行和团队的发展。

标准化的做法是，管理者在时间允许的情况下可以制作任务书，将要告知给下属的任务内容都写进去，因为人在书写时思维会更集中，更能发现要点，所以任务书能够清晰地交代任务内容，例如时间、地点以及工作项目等。如果时间紧迫或者管理者不习惯做任务书，就只能通过口头交代的形式落实任务，这时需要将交代的重点言简意赅地传递给下属。

想要准确地交代任务，需要管理者进行必要的指导和建议，因为下属一开始往往掌握不好任务的内容，需要依靠管理者自身的技巧和经验。另外需要注意的是，一定要注意交代任务的场合，如果是团队任务就要在公共场合，不要找某个下属单聊，这样会让对方误以为权责都在他一人身上，也会让团队其他成员缺乏共担风险的意识。再则，参与任务的人越多，越应当进行详细的权责划分，既要有总负责人，也要有小组负责人。而且，为了让下属更好地完成任务，就要放宽权力范围，给予下属发挥才能的空间，毕竟对管理者而言，下属会更了解他们执行的项目，切不可高高在上，随意指挥。

与上级、下级、同事、客户等不同对象进行沟通时，难免会遭遇一些障碍，例如，跨部门沟通时，不同部门因为职能不同，看待同一个问题的观点角度不同，容易出现冲突；在部门内部，每个人的立场不同，同样会产生冲突；部门或者个人之间因为工作安排不同，有时工作协调困难等。

在日常生活和工作中，与他人沟通的效果往往和沟通能力、自身的情绪、情商及压力管理能力有关。如在工作中，有些人遇到困难无法按时完成任务，不主动与领导沟通，导致今后的工作更难开展。因此，每个人特别是管理者需要掌握沟通时的要点。

职场小说《杜拉拉升职记》中有这样一个情节，杜拉拉的上司让她完成两件工作，一个是撰写年度优秀员工评选文案，另一个是准备优秀员工的礼物。杜拉拉马上领了任务写出了文案，然后将文案报告和购买的文具等礼品交给了上司。结果上司很不满意，认为文案很像感谢信，没有体现出企业文化，而且公司是五百强企业，用普通的文具作为年会礼品会显得十分寒酸，让员工失望。

从这个案例中我们可以得出这样一个结论，管理者在向下属传达命令时，要抓住重点，特别是对那些经验不够丰富的下属，比如刚进入职场的“杜拉拉们”，他们虽然也会认真完成任务，然而他们考虑问题的出发点往往是想当然或者书本知识，这并非是他们能力不足、悟性不够，而是没有领会到任务的重点。因此，这种失败的沟通和管理者不无联系。

管理者在交代任务时要注意四个方面的内容。

第一，明确任务的要点。

曾经有一位部门经理给助理分配了一个任务：“小王，请你将那个调查报告复印出两份送到总经理办公室。”结果王助理复印了两份质量较差的报告，也没有亲手交给总经理，而是送到了空无一人的总经理办公室。原来，这两份报告是总经理准备带给客户看的，需要复印得很清晰，却因小王的失误而误了事。当然，小王的失利和那位部门经理有直接关系，经理没有强调复印文件的质量和用途，也没有强调要直接送到总经理手上，让王助理误以为送到办公室即可。这次失败的任务安排正是没有抓住关键点造成的。

第二，交代任务的背景。

某公司的一位经理准备了一次客户答谢会，将会场的布置任务交给了下属小李并叮嘱他一定要布置得整洁干净。小李很快布置完了会场，然而经理来到现场一看，不禁发怒，他发现现场的椅子都摆成了一排一排的，根本不方便大家进行交流。

这个案例反映了没有交代任务背景的危害，同样是“会场”，以授课为主和以讨论为主的桌椅排位情况是不同的。小李在没有得知任务背景的前提下，只能根据一般经验认为是授课、讲座之类的会场，所以才一排一排地布置了桌椅。作为小李的上司，那位经理没有交代清楚任务背景，负有重要的责任。

很多时候，只有管理者向下属交代了任务的背景，才能让下属更充分地认识到任务的重要性和紧迫性，会根据过往的经验掌控任务的执行进度。有些管理者站在自己的角度看问题，认为这个背景不重要甚至认为下属可能已经知道了，这种想法是非常有害的。切记，只有交代了任务背景，下属才能更积极主动地去做，才会思考如何将任务完成得更出色，否则只会被动地执行，缺乏敬业精神。当任务比较紧急的时候，下属没有那么多时间去消化任务内容，只能凭借直觉和经验去行动，这难免会增大犯错的概率。

第三，让下属积极地接受任务。

面对紧急任务时，并非每一个下属都能有强烈的时间观念，有的下属可能在态度上不够积极，有的可能在行动中比较拖沓，而管理者往往会比较焦躁，也不注意沟通的方式，从而让下属产生抵触的情绪。作为管理者要在交代任务时摆正你的态度，多用一些礼貌的词汇，比如“请把这份文件下发”，少用命令性的口吻，给予下属充分的尊重，下属才能主动吸收任务的核心部分。

第四，让下属明白任务的重要性。

2004年，麦当劳起用了一位新CEO，他从17岁开始就在麦当劳打工，当时负责洗厕所，谁知刚干了两个小时就准备走人，他的上司告诉他，洗厕所也是麦当劳的一项重要工作，因为麦当劳的四大宗旨包含着“品质、服务、物有所值和清洁”。正是这位上司的开导，年轻人才留了下来，并在21岁时成为分店经理，20年以后成为CEO。

这个案例中提到的“任务”并非是紧急任务，但对我们同样具有启发意义。当管理者向下属阐述任务的重要性时，一定要拿出有力的理论支持，比如企业文化，比如客服准则等，通过这些清晰可见的内容提醒下属提高对任务的重视程度，让他们产生责任感和荣誉感，他们自然就不会怠慢工作，管理者也由此提炼了工作重点。

有些管理者喜欢讲述一些非重点的内容，究其根本是他们不知道什么内容称得上是重点，正如我们前面所说，涉及时间、地点、人物和流程等几大要素的内容才是话题的核心。也许有的管理者知道要点是什么，但会在和下属沟通时无意地将要点进行信息扩展。比如，管理者要下属明天去外地参加一个见面会，管理者先是交代了时间，然后又提了提参会的一些单位和重要人物，下属出于本能记下了管理者所说的一切，最后才发现这次任务是和一个与会者建立合作关系，至于其他重量级的人物和公司并无交集，记了也白记。这就是典型的“信息过剩”式的交代任务。在沟通时，舍弃非重点体现的是管理者的个人智慧，这也是提高团队工作效率的关键。

3. 针对不同下属使用不同话术

我们常用“见什么人说什么话”来形容一个人精明世故，从某种层面上看略带一丝贬义，然而在现实生活中，这种沟通技巧却十分重要。特别是在一个团队里，每个人的成长经历不同、文化教育背景不同、性格三观不同，就需要管理者针对不同的下属采取不同的沟通方式，才能达到预期的沟通效果。

一般来说，团队里有八种常见的下属。

第一种，性格直爽的下属。

这类下属是性情中人，心里想什么嘴上就说什么，不过也比较粗心，他们的脸皮也相对“厚”一点，跟他们说话不要绕弯子，也不必太过谨慎。但是要注意，这种下属往往不会把问题看得很重，即使自己犯了错误也常会一笑了之，如果严厉批评他们，他们遭受的挫败感可能比性格内向的人更严重。

对待这类下属，可以采用相对严厉的方式，但要掌握好尺度，因为太过随意和他们沟通往往事倍功半。由于他们性格比较直爽，在沟通时一定要单刀直入，绕的弯子越大，他们越容易产生误解。另外需要注意的是，他们的工作积极性往往跟工作热情有关，如果热情遭受了打击，很可能会一蹶不振。总的来说，对待这类下属，管理者一定要充分照顾到他们的积极性。

第二种，少言寡语的下属。

这类下属不一定在生活中不爱说话，但是在单位里基本很少讲话，特别是进入工作状态之后。他们属于埋头苦干型的人，轻易不会发表意见，他们的接受能力和反馈速度稍微缓慢一些，对上司的态度比较恭敬。不过管理者应当将新员工的这种表现和老员工区别开来，因为有的新人不是真的少言寡语，只是不熟悉工作环境刻意伪装的。我们针对的也是混熟了依然“闷葫芦”的那类下属。

对待这类下属，需要在讲话的时候注意用词和声音分贝，要多微笑，多表现出温柔和善的表情，这样才能让他们紧张的情绪放松。而且，在交代任务之后，一定要主动询问他们是否领会了你的意图，因为他们是不善于主动提问的，即便有了理解上的困难往往也会自己琢磨，这就给沟通造成了障碍。特别是如果发现他们有紧张的举动时，要尽量等他们情绪平复之后再沟通。总之，对待这类下属，管理者要主动再主动。

第三种，刚愎自用的下属。

这类下属通常很聪明，学习能力很强，反应速度很快，喜欢出风头，也喜欢对同事和上司指指点点，遇事比较有主见，即使犯了错误也不会轻易承认，总会想方设法给自己找借口，甚至拥有极好的诡辩术，属于比较难缠的主儿。

对待这类下属，管理者首先要严格要求自己，千万不要做了有失公允的事情，否则会被他们抓住把柄不放。和他们沟通时，想说服他们就一定要事先准备好足够的证据，比如具体的案例和数据等，还要拿出坚决的态度，但是不能责骂，因为这类下属一旦记仇也是很可怕的，甚至会不顾场合跟你翻脸。所以要尽量地“哄”着来，要满足他们的虚荣心，用事实教育他们。归根结底，对待这类下属要小心谨慎。

第四种，懒惰拖沓的下属。

这类下属是那种大毛病没有，小毛病不少的人，工作态度总是很不积极，但是对团队要求也不多，工资几年不涨可能都不会发表意见，对一些规章制度也比较漠视，不喜欢加班更不喜欢吃苦，“心理素质”较好，严重者甚至对一般的批评有了免疫能力，不过他们也不会为自己辩解和争论，也不会轻易得罪人。

对待这类下属，单纯依靠严厉的惩罚是不管用的，只能通过增强他们的自尊心和自信心来实现有效沟通。管理者可以借助闲暇时间多和他们聊天，给予他们工作的动力和奋斗的目标，这样才能帮助他们建立起自尊心。可以从他们的实际生活入手，比如对结了婚的，可以在闲聊时用男人的担当和责任、女人的贤惠和善解人意旁敲侧击，让他们增强对家庭的责任感；再比如家中老人多的，可以用孝道来提醒他们努力赚钱提高父母的生活质量……只有帮助他们建立了自尊心，才能让奖惩措施有效，才能让他们形成自律的心态，便于日后的管理。总的来看，对待这类下属要循循善诱。

第五种，气量狭小的下属。

这类下属特别喜欢记仇，思想往往偏激，缺乏大局观念，喜欢在背后说别人坏话，犯了错误也不会检讨自己，而是习惯将责任推到别人身上，一旦受到批评可能会生闷气好几天，甚至直接甩手不干。他们的人缘通常都很糟糕，但是一般人也不愿招惹他们。

这类下属沟通起来确实很头疼，但是也要拿出一定的时间和他们交流，让他们学会理性地看待事物，让他们更多地了解光明美好的事物，帮助他们建立和谐的人际关系。即便是他们犯了错误，也要以教育和开导为主，尽量少去责骂，要就事论事，千万别连带到历史问题，更重要的是要表达出管理者对他们日后的期望，让他们重建信心。这样才能激发他们的感恩之心，才能消化负能量，更好地融入整个团队当中。归根结底，对待这类下属要以鼓励和劝勉为主。

第六种，争强好胜的下属。

这种下属自尊心很强，求胜的欲望也很强，很容易情绪化，但也是有上进心的人，他们会在意自己在团队中的口碑和地位，也总想展示出不同于他人的能力和风采，却不愿意接受上司的批评。当他们苦苦投入的工作和预期目标出现落差时，可能会自暴自弃、一度消沉。他们个性敏感，领悟力较强，交代一遍的事情能迅速消化，也能在工作中起到模范带头的作用，纪律性也很强。

这类下属管理者必须以诚相待，要表现出对他们个人才能的重视，这样才能让他们在工作中更好地配合你，即使犯了错误，也不要过多去讲，因为他们十分爱惜荣誉，一旦犯了错只会比上司更恼火，这时再追加批评只能起到反面作用。总之，对待这类下属要体现出“尊重”二字。

第七种，脾气暴躁的下属。

这类下属和猛张飞、黑李逵的性格比较像，豪爽直率，但是脾气火暴，一点就炸，做事冲动，考虑问题简单，尤其是表达能力较差，不太讲究方式方法，有问题直接摆在桌面上，会让人难以接受，但是工作热情很高，也不会有太多的私心。

对待这类下属，只要不触碰到他们的神经敏感点，一般的批评他们是乐于接受的，也会诚恳地道歉和表态。管理者与他们沟通时可以多讲一些有关义气和情分的话题，少谈一点规则和制度，因为当他们从情感上认同你之后，就会全力支持你，甚至可能连加班都不会要加班费。只要和他们推心置腹地沟通，他们是能够进行换位思考的。反之，如果硬碰硬，他们会不顾一切地和你产生正面冲突，很可能让你下不来台。归根到底，对待这类下属要学会顺水推舟，万不可逆流而上。

第八种，性格倔强的下属。

这种下属都是吃苦耐劳的类型，平时也不太喜欢计较个人得失，但是他们的思想工作很难做，一旦认定了就不会改变，即使接受批评，也是嘴上不争但心里不认同，一如既往地按照他们的思维方式去工作。他们对外界的变化敏感度较低，除了自己，基本不信任何人。

对待这类下属，一定要在平时多注意观察他们，一旦发现他们有犯错或者走偏的苗头，就要及时纠正，因为一旦形成思维定式，你是很难说服他们的，而且在批评他们之前，要想出合理的解决方案，只有你有备而来，才能让他们心服口服，意识到自己犯的错误。总之，对待这类下属要有耐心和毅力。

人的性格是多样的，上面描述的八种类型的下属仅仅是具有鲜明特征的几个代表。实际工作中，人的性格存在着兼容性，一个刚愎自用的人也可能是一个少言寡语的人，一个脾气暴躁的人也可能是一个报复心极强的人，只有结合他们最明显、最起作用的性格元素进行甄别才更准确，而不是机械式地归类，要在具体的沟通环节中灵活运用。

管理者职位越高，带的团队规模越大，面对的下属就越复杂，就越应该学会针对不同的对象采取不同的沟通策略。因为管理者的一言一行、一举一动不仅会被下属看在眼里，更会记在心上，甚至会在其他下属心中留下烙印，一方面会破坏你的威信，另一方面还会影响整个团队的士气，所以将不同类型的下属凝聚在同一个团队中，为同一个目标去做同一件事，这才是管理者最终追求的目标。

4. 应对跑题要用转折句

跑题是沟通的大忌，跑题意味着沟通内容被颠覆、被偏移，自然就谈不上沟通的效果了。虽然这个道理大家都懂，然而在实际的沟通中，很多人还是不由自主地跑题，甚至知道自己有跑题的“偏好”也无法纠正。一些公司的正规会议上甚至会明确要求不要跑题，跑题几乎成为人与人交流中的“常见病症”。其实，跑题这种事，从古至今一直存在。

战国时，孟子问齐宣王：“大王的臣子中有一个人将妻子儿女托付给朋友照顾，本人去楚国游历，回来时发现妻子儿女忍饥挨饿，这样的朋友该怎么办？”齐宣王说：“和他绝交。”孟子又问：“如果司法官不能管理好下属怎么办？”齐宣王说：“罢免他。”孟子最后问：“全国治理得不好，君王该怎么办？”齐宣王看看身边的臣子，将话题扯到别的事情上了。

这是一个典型的“跑题”故事，当然是有意识的跑题，因为齐宣王不想正面回答孟子的犀利发问。还有一种情况是无意识的跑题。

一个女人带着六岁的儿子来到浴池洗澡，其他女顾客很不高兴，就和这个女人产生了争执。女人一怒之下说：“你们不高兴就别来洗澡！”显然，这是跑题了，因为话题讨论的是该不该带儿子进入女浴池，然而女人却转移到了别人该不该进入浴池的问题上，从语境上看，这个女人并不是有强烈的目的性，只是情绪激动之下的无意识转移。

通过以上两个案例可以看出，管理者和下属沟通时通常会遭遇两种情况，一种是有意识的跑题，另一种是无意识的跑题。相比之下，有意识的跑题更可怕，因为沟通的对象知道你要说什么，所以会有意回避话题。

对于无意识的跑题，通常一句话就能提醒对方回到正确话题上，这并没有什么技巧可言。我们需要探讨的是如何应对有意识的跑题。这里我们首先要明确一个问题：为什么下属会有意识的跑题？原因也许很复杂，但归根结底是正在讨论的话题会损害到下属的利益：可能是揭露了某个真相，也可能是迫使下属做出选择。

其实，应对有意识跑题的最佳话术是使用转折句。

管理者和下属沟通，大体上是建立在一种平等的关系上，或者说地位差异并不明显，且没有任何附加力量作为后台的。如果是在法庭上，辩护律师或者被告跑题了，法官可以要求对方正面回答，但是在团队沟通中，管理者很难采用这种话术。

采用转折句应对跑题，其实就是我们常说的“见招拆招”，你不是喜欢跑题吗？那我就跟着你“转折”，负负得正，把被带歪了的话题重新带回来。比如，管理者问某个下属上个月的客户回访为什么效果不理想，下属为了逃避责任可能会说：“哦，我们对接的几个大客户上个月都出差了，找了几次没在，后来因为要做下个月的营销策划就耽误了，而且营销策划需要申请活动经费，财务部又没批准，这事您能不能帮我们催一下……”这就是很典型的有意识的跑题，下属将“客户回访效果不佳”的问题进行推脱，然后转移到财务部身上。如果管理者经验不足，很可能会跟着这位下属的思路去研究“财务部为什么不批活动经费”的问题，从而彻底偏离了主题。

作为管理者，面对这名下属的跑题可以这样说：“财务部那边我会沟通一下，可能是他们和我们的对接过程出现了误会，但是你是不是也该考虑下，我们和客户之间的对接也出现了问题呢？”管理者这样回答下属，仅仅是用了一个转折句就轻而易举地将话题拉回来了，让下属猝不及防且过渡自然。不过有人会认为，何必使用转折句，直接跳回到主题质问下属不可以吗？

身为管理者要清楚，下属什么时候最喜欢跑题？绝对不是一对一私聊的时候，而是一对多甚至多对多的公共场合，比如部门会议、公司会议甚至是集团会议。在这种情境下，管理者需要顾忌到场合，不能轻易动怒，更不能对下属带偏的新话题不管不顾，尤其是那些混迹于职场的老油条，他们提出的所谓“财务部”的问题，很可能也是一个争议话题，如果管理者完全无视，必然会产生一些负面影响。从这个角度来看，沟通的场合越正式、人数越多，就越需要管理者巧妙地主导话题。

有意识的跑题分为两种，一种是偷换主题，另一种是偷换概念。偷换主题最容易发现，比如上面举的例子，管理者问的是“客户回访”，下属回答的却是“财务部不批经费”。偷换概念就不同了，它的隐蔽性更强。

还是借用客户回访这个事情做话术案例，管理者不变，下属换成了一个更精明老到的，当他听到上司质问客户回访效果时会这么回答：“其实我们工作做得已经很到位了，但是存在一个实际困难，一些客户对我们签订的框架协议不太满意，想要重新修订一下，所以影响了回访效果。”

这就是典型的偷换概念，因为管理者询问的是“客户回访”，属于客户服务工作，下属回答的却是“框架协议”，属于企业战略合作的工作范畴，看似有关系，但细分职责的话，是两个部门或者是两个岗位的事情：客户回访更多地涉及节日慰问、产品和服务体验等反馈建议，而框架协议是涉及与客户合作的方式和内容，甚至可能是法律条文的问题，在一些大公司里是由法务部这样的专业部门对接的。因此，客服工作到不到位不是直接与框架协议产生关系的，下属可以向上司反映这个问题，但他绝不能回避回访工作为何效果不佳这个问题。

如果管理者经验不足，面对这种老油条，很容易被蒙骗或者不知道该如何对答。这时需要冷静下来，先回顾今天的沟通主题是什么，必要时可以在谈话前简单写一个谈话大纲，将要解决的问题罗列出来，这样就能直接判断出下属是否在回避问题。比如，面对下属的回答可以用更高层次的转折句来应对：“既然客户对框架协议不满意，那么我们可以调整一下回访策略，请你先总结一下我们目前存在的问题，优化回访方案。”这种转折就是以偷换概念应对偷换概念：你不是认为框架协议和客户回访是一回事吗？那我就顺水推舟再将问题转移回来，虽然换了个说法，但是核心问题还在，对方就必须做出正面的回答。

和下属有效沟通是管理者必备的技能，而探究真相、查明原因是最有价值的沟通，尤其是面对有职场经验的下属，管理者万不可掉以轻心，以为自己是上司就能获得知情权，事实上，一个不爱动脑的上司照样会被狡猾的下属弄得头晕眼花。因此，学会如何将跑偏的话题带回到正轨，也是维护管理者威信和尊严的重要技能。

5. 多用弹性词，给下属和自己留有余地

俗话说的“狡兔三窟”，是兔子给自己的逃亡空间留有余地；高考填报的第一、第二志愿，是给自己的理想选择留有余地；美学中的留白，是给烘托氛围和完善构图留有余地；中国人讲究的谦虚，也是人生哲学中的留有余地……几乎在各个领域，“留有余地”都有发挥的空间，如果用在职场上，可以理解为一种沟通的技巧和策略。

《周易》中有一句话叫作：“物极必反，否极泰来。”是说无论做任何事情，都应既要进一步也要让三分，点出了“留有余地”的战略意义和战术价值。在团队的沟通中，“留有余地”就是要多使用弹性的词汇，给管理者和下属都保留既能前进又能后退的机会。

身为一个管理者，应当有一本“沟通禁忌语录”，切忌使用某些可能带来麻烦的词汇，比如“我保证”“我肯定”这一类。这并不是让管理者耍滑头、耍两面派，而是因为市场是变幻莫测的，职场是明争暗斗的，这种代表绝对肯定的词汇听起来豪迈刚毅，然而副作用也是很大的——万一计划有变，说出口的话怎么能轻易更改？

当然，管理者不应该学习诡辩或者厚黑，对于那些板上钉钉的事情，可以使用硬性词汇，但扪心自问，这种情况并不多见，所以只能尽量使用弹性词汇，比如“我尽量”“我试试”，等等。记住，你是管理者而不是下属，你的话更有含金量和权威性，一旦失去威信再想重建就十分困难。反过来说，如果你只是一名普通的下属，用硬性词汇效果也许会更好，这是由你在团队中的话语权大小决定的。

一个说话谨慎的管理者，更容易给下属安全感和信赖感，如果说的话十之八九不能兑现，只能让下属对你敬而远之。特别是当管理者和下属发生争执的时候，更不能用绝对对立的口吻去沟通，因为日后还要合作，所以不能将场面弄得太尴尬，也不能对某个下属有了坏印象之后就过早地下结论，比如“这个人注定成不了大器”，等等。管理者一旦习惯给下属贴标签，团队内部就会离心离德。

有一个男孩从小腿瘸，经常被周围人笑话，大家都觉得他这辈子只能靠种地度日。但是，他的一个邻居却发现他十分聪明，于是让他跟着自己学做篾匠，邻居的老婆却不同意，将男孩赶了出去。男孩为了不让师父为难，就外出乞讨，攒了一点钱，后来回到家乡找到邻居，跟着他创办了一个竹艺厂，利用他的聪明才智赚了不少钱。

从这个案例中可以看出，一个人即便先天条件再差，未来也有翻身的可能。

团队当中也是如此，有些下属学习能力较差，掌握技能慢，但是有恒心和耐心，经过一段时间的历练可能成为某个领域的精英；反之，有些人看着很机灵，但缺乏长性，不认真钻研业务，并没有什么成长空间，对团队也没有什么贡献。身为管理者，不能以静止孤立的眼光去判断下属的“利用价值”，更不能以武断的结论去给某个下属定性，一旦你说出这样的话，对方就有可能听到，也许会跳槽成为别人团队中的骨干，也许会留在团队里但对你阳奉阴违。所以，在沟通时一定不能把关系弄僵，不能把话说绝，一旦后路被堵死，之前所做的一切都徒劳无功。

那么，管理者和下属沟通时，应当在哪些情况下注意使用弹性词汇呢？

第一，只针对事不针对人。

比如，一家公司的一个下属经常惹事，性格又比较散漫，喜欢抱怨，影响到了其他人的工作热情，这时管理者就必须和他单独谈话。但这个下属又并非一无是处，他对团队有过贡献，考虑到这些，管理者就得针对他的工作态度而非工作能力来说事儿。比如，管理者可以这样说："最近你工作表现不如以前，是不是前一段投标太累了？如果有需要可以给你考虑放一天假，不过公司这边的任务还要靠你完成。"这种话术的核心要点是，只谈眼前问题和局部问题，诱使下属集中注意力，尽快发现自己错在何处。相对地，管理者要照顾到下属的情绪，不能说："最近你表现不积极，能力也不如以前，影响了我们项目的推进。"这类话术上升到了怀疑下属个人能力的层面，不利于日后展开工作。

第二，注意听下属的信息反馈。

管理者不仅需要沟通的技巧，更需要倾听的技巧。当下属心存抱怨向你反映某些问题时，一定要认真去听，不光要听说话的内容，更要观察对方说话的态度，因为态度往往才是真正反映下属真实想法的信息。比如，当下属向你反映某某同事不配合工作，拖慢项目进程时，如果他的态度表现得有厌恶感，可能这个小团队的合作出现了问题。管理者就要调查是由于项目分成产生了矛盾还是人际关系出现了裂痕，可以跟下属说：“我会找××谈话，看看他是什么想法。”而不能是“我一定会批评他，让他配合你工作”。因为在事实没有弄清之前，轻易下结论是非常危险的，很可能对方是恶人先告状，一旦管理者形成了偏听则暗的习惯，以后带团队就会困难重重。另外，如果下属反映信息时没有明显的态度，那基本可以说明他是在就事论事，管理者也应该具体问题具体分析。

第三，避开敏感点。

弹性语言策略本质上是揣摩人心的策略，人心有时候是比较敏感和脆弱的，只有采用适当的语言才能避开“雷区”，达到沟通的目的。比如，某个下属上一个项目没有完成业绩指标，自己还不知道主动检讨，又接了一个新的项目，管理者自然担心他会把这个项目也搞砸，但是为了照顾他的情绪，又不能进行太严厉的苛责，所以最好的沟通话术是：“上个项目我们没有达到预期的指标，这个项目正好是我们展示能力的机会，希望你不要辜负团队的期望。”这种话术是以柔克刚，回避敏感点，因为没有完成业绩可能会影响到下属的奖金和提成，所以只能通过“没有达到预期的指标”进行暗示，下属自然会心知肚明，为了物质奖励会尽心尽力地完成当前的项目。反过来，如果管理者不加掩饰地说：“上个项目我们没有完成指标，大家都没有钱拿，这次一定不能再失败了。”这样就强调了“项目失败”，会让下属认为管理者对自己已经失望，很可能会破罐子破摔，不利于当前项目的推进。

有这样一个寓言故事：一个算盘对主人说，它有十三个档，每一个都有三个空缺，上边缺一个算珠，下边缺两个算珠，一共缺少三十九个算珠，想要补齐。主人出于爱护算盘的目的就答应了它，结果将算珠补齐之后，这个算盘却彻底报废了。

管理者和下属沟通也是这个道理，无论是夸奖、苛责、许诺、调解还是安慰，都要留有余地。夸奖过头了，下属飘飘然了；苛责过头了，下属灰心丧气了；许诺过头了，下属对你失去信任了；调解过头了，下属认为你偏心眼了；安慰过头了，下属又觉得问题不够严重不会重视了……总之，管理者要把沟通的内容分成三部分：一是用来表达；二是让下属自己揣摩；三是心照不宣地保留。这样才能创造弹性的沟通空间，确保和下属保持着和谐稳定的关系。如果下属真的是油盐不进，那只能让他们另谋高就了。

6. 意见相左要学会巧接转承

有一句话说：言语是心灵的图画。一个人所说未必是其所想，但如果会“听”话，也能窥测出其真实意图。那么问题来了，当别人的看法和你的看法发生冲突时该怎么办？是正面回击还是巧妙迂回？在职场的沟通话术中，能否妥善解决这个问题可以体现出一个管理者的沟通能力和领导水平。

当意见相左时，能够及时、隐蔽、高明地将对方的话“巧接转承”，才能让沟通“峰回路转”。而“巧接转承”从本质上看就是俗称的“接话茬儿”，只是这个“接话茬儿”要巧接，不能“直接”或者“硬接”。当一个管理者从下属口中听到了不同的声音时，需要不失时机地巧接转承，只有这样才能将意见统一，才能避免尴尬和冷场，起到活跃沟通气氛的作用。通常有四种手段。

第一，创造情境。

在《中国达人秀》某一期节目里，周立波和台湾音乐人黄舒骏一起担任评委，现场有个节目：一位展示人体旗帜秀的健美教练表演。当时黄舒骏称赞这位教练的胸肌十分发达，不是每个男人都能做到的。周立波听到后马上说，他在被电击的时候也能做到。此番话一出，观众顿时被逗得哈哈大笑。

从这个案例的话术中可以看出：黄舒骏称赞教练的胸肌能够颤抖并超出普通人的动作极限这是符合常识的，然而周立波却跳出常识的情境来了一个“遭遇电击”，产生了意外的表达效果，展示了其幽默机智的一面。

管理者和下属沟通时也可以采用这种技巧。比如当管理者询问下属为什么某个项目的进度很慢时，如果下属对团队的配合程度不满意，可能会说：“推进速度慢也不是我一个人的事情，是大家都跟不上我的速度。”这句话显然很不客观，必须及时纠正，那么管理者可以这样回答：“是啊，你这速度快赶上刘翔了，他们都是马拉松选手。”这个话术就是借用了“创造情境”的技巧进行巧接转承：下属说的是工作速度，管理者转移到了跑步比赛，实际上暗示出了这个项目并不是一蹴而就的事情，需要大家通力配合，宁可求稳也不能求快。因此当管理者这样接话茬儿之后，下属就会认真反思自己的言行，管理者也有机会语重心长地摆事实、讲道理，而不必直接跟下属产生正面冲突。

第二，利用歧义。

在《星光大道》的一次总决赛现场，马年春晚语言类节目总导演赵本山观战。当来自辽宁铁岭民间艺术团的服装管理员陈曦上台之后，主持人毕福剑调侃说：“本山老师过去就是铁岭艺术团的，你们两人应该算同事。”陈曦回答说，他来团里的时候本山老师已经走了，倒是团里有很大一幅他的肖像照。赵本山听了马上用正宗的东北话说：“照片下没摆着花儿啥的啊，我没走，我还健在。”现场观众哄堂大笑。

在这个案例中，陈曦所说的“走了”指的是赵本山离开铁岭艺术团然后开办本山传媒集团，赵本山却利用汉语中的歧义将“走”故意曲解为“离世”，表示自己还健在，起到了幽默的效果。

在团队的沟通中也可以采用这种技巧缓解矛盾，比如当管理者和下属就某个项目的发展前景产生争议之后，下属可能会对管理者说：“我觉得这个项目按照原计划，我们可能会赚头很少，没什么高额利润。”管理者如果不认同这种说法，可以这样回应：“是啊，我们的‘砖头’太少了，所以只能采用保守方案，宁可少赚也不能冒风险啊。”通过谐音将“赚头”曲解为“砖头”，起到了增添幽默效果的作用，让下属在笑过之后理解团队的战略布局，也就打消了他对该项目的不满情绪。

第三，借用典故。

周星驰曾经带着由他执导的电影《西游降魔篇》来到腾讯的首映礼，当时现场的很多观众都想知道他为什么只做导演而不出演角色，周星驰说，为了导演这部戏，他将每场戏的角色都尝试了一遍，然后做给演员看，还说：“别看我这部戏只导不演，但电影里的每个角色都是我，文章、黄渤、舒淇、周秀娜，他们统统都是‘小周星驰’。”主持人刘仪伟听了以后，马上接茬儿：“怪不得看起来每个演员都有你的个人特色，他们其实都是你拿汗毛一吹变出来的。”观众们顿时大笑。

在这个案例中，刘仪伟所说的“汗毛”源于《西游记》中孙悟空借助汗毛变出猴子猴孙的典故，而周星驰自己又出演过《大话西游》中的至尊宝（孙悟空），所以这个比喻很容易让周星驰的粉丝们理解，同时还高度褒扬了周星驰的敬业和导演才能，巧接转承十分成功。

很多时候，管理者和下属之间的冲突更多的只是工作上的冲突，而不是对彼此能力的怀疑和攻击，所以不必使用硬碰硬的方式驳斥对方，更不宜使用说教的手段去劝说对方，因为对方也许只看到了问题的正面，你只要给他展示出问题的反面，很可能就帮助他正确地认识了问题。比如，管理者和下属对某个产品的设计创意产生了分歧，下属可能会说："这个设计风格我们应该走高端大气的路线，不应该走简约低调的路线，客户一定不喜欢。"这个判断显然很主观，也是对集体讨论的漠视，管理者可以这样说服下属："虽然高端大气很上档次，可是低调简约有内涵啊，这不正符合客户的企业文化吗？""高端大气上档次"是网络流行词，只要是网民，几乎没有不知道的，管理者引用这个"典故"恰好能表达出对设计风格的定位——客户的企业文化并不想追求张扬高调的风格。这样的巧接话茬儿，可以让下属及时"刹车"，转回到正确的思路上，比直接否定或者辩论要巧妙得多。

第四，转移目标。

在一次全国政协委员小组会上，与会人员讨论当代人造景观的问题，当时一个女性代表发言说："一方面是人造景点的巨大浪费，另一方面是文物保护经费严重不足，人造景点风该刹一刹了！"时任全国政协委员的崔永元马上接茬儿说："与其拿那么多钱搞人造景点，还不如给兵马俑修修腿呢！"听者顿时会心一笑。

在这个案例中，大家讨论的"人造景点泛滥和资源浪费"早已引起了很多人的不满，崔永元为了增强抨击效果，找了一个独特的视角表达了对文物保护的重视，也委婉地声明了他对人造景观的反对态度，这比空谈更具体，也更有实际意义，引人深思。

管理者和下属沟通时也可以参考这个案例，有些分歧不必摆在桌面上，可以用其他方式表达出来，效果也许会更好，能给下属消化理解的时间。比如管理者和下属谈到某个投标方案时，下属认为应该用低报价去吸引招标方，但是管理者认为这样会损害团队的利益。在争论中，下属可能会这样说："我们就应该依靠低价格取胜，毕竟我们公司规模不大，在业内知名度不高，只有用价格战才能战胜那些大公司。"这种看法显然有些狭隘，管理者为了驳斥可以这样说："你说得对，我们还可以用低价格的回扣打动客户。"众所周知，很多商业合作关系需要"公关费"，这些钱当然是羊毛出在羊身上，如果一个项目用低价格的方式拿到，利润自然也不高，管理者的这句话直接将"低价投标"转移到"无力回扣"的问题上，作为一个有着丰富职场经验的下属，必然能听懂这种反讽隐藏的深意，这时管理者再详细解释一下，双方的意见冲突就能化解了。

和下属沟通是一项漫长的管理工作，因为你会遇到各种不同的人、各种不同的观念，学会了巧接转承，就更能保证沟通的流畅性和意见的统一性，更容易展示出一个管理者的综合素质和话术智慧。如果一个管理者动辄直接否定下属的意见，用粗暴的方式带领团队，那么即便是对的，也会让人觉得这是"专制"。巧接转承的真正魅力在于，既能够保证沟通的可持续性，又能牢牢地掌握主动性，让下属心悦诚服。

7. 面对下属的反问要学会见招拆招

俗话说，林子大了什么鸟都有，这话虽然有些粗俗，但也说明一个问题：团队里难免会有一些“问题下属”，虽然数量不多但是产生的危害可不小。“问题下属”的一个鲜明特点是喜欢反问，而且是不分时间、地点、场合地反问，譬如“为什么让我去做”“怎么他就可以呢”“难道就不能按我的想法来吗”……他们就像课堂上当众接老师话的学生一样。他们很少为团队的利益考虑，更不会在意管理者的威信和尊严，要么图一时嘴上之快，要么是唯恐天下不乱。总之，管理者遇到这样的下属是非常头疼的：如果对问题下属的反问视而不见，他们只会愈演愈烈，彻底无视团队纪律的存在，甚至会影响到其他团队成员。

对待这种问题下属，最“简单粗暴”的办法是将他们开除或者进行惩罚和警告，但这种处理方式只适用于极端情况。大多数情况下，问题下属不是说赶走就能赶走的，管理者需要用更加合理、巧妙的沟通方式“见招拆招”，把问题下属产生的负面影响降到最低。而且，有一些问题下属并非无可救药，他们也能为团队做出贡献，作为管理者有责任和义务引导他们，建立起方向正确、效果良好的沟通模式，其核心的技巧就是“见招拆招”。

通常，问题下属的反问有六种常见形式。

第一种，心理失衡的反问。

这是因为他们有心理落差，所以产生了焦虑，继而产生了心理不平衡，为此会提出一些反对意见，让管理者十分难堪。比如，当他们看到曾经和自己平起平坐的同事升职为负责人之后，不仅不会为他们高兴，反而会羡慕嫉妒恨，会当着管理者的面问：“××为什么能当上负责人？他的能力也不比我强啊。”这种反问如果是私下单聊的场合还好解决，可如果是正在进行集体活动时，管理者就要小心回答，因为牵涉到的人会很多。

具体的应对措施是，既然对方怀疑某人的能力，管理者也可以用同样的方式回应：“是啊，他为什么能当上负责人也是我在思考的问题，同在一个团队里，为什么别人就没有做出他的成绩呢？”这种回答没有正面和下属的反问发生冲突，却已经暗示了某人比其他人出色的地方，让下属没办法再咄咄逼人。

第二种，习惯性捣乱的反问。

有时候，问题下属的反问纯粹是给别人捣乱，可能并没有什么功利性目的，但就是养成了这样的坏习惯，这可能是基因使然，也可能是早期的教育和家庭环境导致的，总之督促他们改掉是有困难的。通常他们选择反问的内容都是一些没什么质量的话题，比如在刚开完一次策划会准备散会时，这种下属可能会突然反问：“为什么会这样策划呢？”听起来完全摸不着头脑，但是管理者也不能无动于衷，因为这会让他们强化这个坏习惯。

遇到这种情况，管理者可以这样回答：“既然你有想法，你可以说说。”别担心，当下属提出这种捣乱式的反问时，通常都没有做好回答的准备，他们只是为了捣乱而捣乱，不可能冒着在众人面前班门弄斧的风险去暴露自己的短处。管理者只需要一本正经地回答他的问题，他的那种捣乱的做派就会收敛了。

第三种，倚老卖老的反问。

能够提出这种反问的，通常是团队中资历比较老，但是问题也不少的下属。由于他们在团队中工作的时间较长，多多少少取得过一些业绩，所以难免有种功高盖主的优越感，对很多新员工甚至老员工不屑一顾，也不排除有些人得到一些部门负责人的器重。在这种心理特征的影响下，他们对管理者的敬畏心很弱，往往会在团队做出重大决策时提出反问，从而显示出自己的特立独行。比如当团队敲定了下个月的业绩指标之后，他们可能会问：“这个指标过高了，以我的经验看很难完成。”这句话表达的核心思想是偷懒、逃避高指标和摆脱压力，如果管理者置之不理的话，会在团队中引起连锁反应，严重的话可能会推翻团队的决策。

在这种情况下，管理者不妨这样回答：“订得高也是为了给大家更高的提成。”这句话的巧妙之处在于，没有解释订立高指标的理由，而是解释了高指标的现实意义——能够为大家带来更大的利益回报。这样一来，下属对指标的质疑就被转移到了他们的待遇上，自然就不会有人随声附和，反而会让大家坚定对决策的认同。

第四种，带有情绪化的反问。

提出这种反问的，通常是事业不顺的下属，他们可能是认真工作的类型，但或许是因为运气不好，或许是因为悟性不够，总是难以在团队中创造业绩，所以长期处于负能量状态中，严重者可能患有抑郁症的倾向。因此，他们的反问多集中在一些涉及薪资待遇的问题上。比如当管理者宣布了年终奖名单之后，他们可能会问："为什么不经过大家投票呢？"这句话本身并没有严密的逻辑性和现实意义，纯粹是为了发泄情绪上的不满，但是管理者又不能跟他较真，也不能无视。

最合理的回答方式是："你的这个提议很好，可惜也没通过投票。"这句话用投票来对抗投票，还不失时机地加入了幽默元素，既暗示出团队也是搞民主的，又不会引起矛盾，同时还回避了核心问题，更重要的是提醒了下属：年终奖是集体讨论的结果，不该由你来质疑。这样的回答就让下属再难找到反问的理由，不过作为管理者，还是应当在拆招之后找对方一对一沟通，引导他们将注意力集中在工作上，而非争一时长短。

第五种，释放压力的反问。

有些下属长期处于高压工作的状态中，精神面貌欠佳，容易发怒，或者是工作没问题但家庭遭遇了不测，导致他们心事重重，影响了工作的积极性，造成了同事关系比较紧张，最终导致业绩不佳，成为拖团队后腿的角色。客观地说，他们不是有意充当问题下属，只是不懂得合理释放压力，不能有效控制自己的情绪，比如管理者在例会上总结上个季度的业绩情况时，他们可能会突然反问："就不能说点现实的东西吗？"言外之意是想跟管理者说说提高待遇的问题，如果管理者装傻充愣，反而给了他们继续反问的口实。

对待这一类反问，管理者可以微笑着回答："可以，不过这种事以后我们单聊。"以"单聊"作为暗示，其实是让下属意识到自己没有看清说话的场合——已经对会议秩序造成了一定影响。那么在接下来的一对一沟通中，管理者就要耐心地开导他们，让他们重振士气，恢复以往的工作状态。

第六种，报复式的反问。

管理者难免得罪几个下属，有些人能公私分明，而有些人却喜欢记仇，甚至有些人还会因为管理者没有帮他做某事而心生怨恨。不管是出于何种原因，他们都会找机会让管理者下不来台，而他们常用的反问也集中指向管理者本人。比如当团队在商讨年会活动的细节安排时，管理者提出让大家出几个节目，那些记仇的下属可能会趁机反问："领导，您有表演天赋，也出一个节目吧？"

这话听起来像是夸奖，实际上是在讽刺管理者"虚伪做作"，但正因为具有双重含义，管理者就不能直接怼回去，而是需要用平和的口吻回答："我可以出一个节目，但是需要你配合我，毕竟你的演技在我之上。"这是用反讽来回击反讽的话术，听起来也是在褒扬对方，实际上也有讽刺的意味，当下属听到这里就会知道深浅了，不会再揪着这个话题不放，否则最后下不来台的可能是他自己。

归根结底，管理者对待总是不友好反问的下属，不应采用一刀切或者一棒子打死的办法，首先要冷静地倾听对方的问题，然后分析对方的核心表达诉求，确定他们提出反问的根源，最后才能对症下药。

为了确保整个团队的和谐统一，管理者应当尽力"挽救"每一个问题下属，调动他们为团队创造业绩的主动性，切忌为了对付某些下属而组成一个支持自己的小帮派、小团伙，这样虽然能在一定程度上遏制问题下属的进攻，但也会严重分化团队，最终引发内讧，导致团队变成一盘散沙。不过需要强调的是，对那些实在没有使用价值的下属，也只能让他们另谋出路。一个能合理化解内部矛盾的管理者，必然是一个懂得“见招拆招”的辩论大师，因为只有用高明的话术回击，才能兵不血刃地化解那些缺乏善意的反问，才能展示出作为管理者的沟通智慧。

Win Their Hearts,
Before Calling It Your Team

第四章

批评是为了团队共同成长

身为管理者，既要懂得协调批评和夸奖的比例，也要认清面对的沟通对象。只有心中有了明确的标尺和刻度，沟通才有了清晰的方向，才能达到预期目的。

1. 多批评事，少批评人

现代企业管理有一个共识：人是企业最宝贵的资源，也是企业管理的根本，而制度只是企业管理的大法，只有以人为本的管理才能让企业存续，以制度为管理才能让企业壮大。从这个观点来看，“人本”是核心，“制度”只是保障。如果将“杀人诛心”这个成语运用在企业管理上就是：与其开除一个员工，不如针对他的错误思想和行为进行适当的批判，反而能起到更好的沟通效果。

不少管理者都会面临一个共同的问题：当一个精明强干的下属做错事情之后，到底要不要批评？怎样批评才最合适呢？有过人事管理经验的人都知道，有些精英骨干真是说不得骂不得，因为情绪一上来立即拂袖离去，位置空了，活没人干了，这个锅就得由批评者来背。于是，很多管理者宁愿选择当老好人，也不愿意把得罪人的事揽到自己头上。

其实这是一种管理无能的表现，也是对团队的不负责任。作为外人，我们永远不可能了解犯错误的人是有心犯错还是无心犯错，也不可能了解他们是否意识到了错误，是否有诚意改过。因此当下属出了问题，绝不能因为害怕对方不愿接受批评而睁一只眼闭一只眼，对错误不能抱着姑息的态度，但是要注意一点：多批评事，少批评人。

这种担心批评人会引发恶果的“管理者困境”，最好的解决手段就是创造“批评事而不批评人”的管理环境，让人和事情分开，提倡“人本”优先，只有创造了这种氛围，管理者才不会因为人情而回避任何难以处理的事情，也能让下属知道管理者所做的一切都是针对某件事而不是针对某个人。只要形成了这种氛围就能给予下属更多的勇气和信心，让他们敢于参与到对事的讨论中。因为大多数下属都明白，团队成员讨论事是为了将事做得更好，而不是有意为难某个人。

在一个普遍崇尚人情、帮亲不帮理的社会，人情其实是一把“双刃剑”，它既能帮你成事，也能帮你败事。对管理者来说，少批评人多批评事，正是对人情的一个巧妙利用：既能摆脱人情面子的束缚，同时又不会让被批评者难堪。那么，怎样营造这种管理氛围呢？需要在两个方面做好铺垫和准备。

第一，不断传递给下属“我们要解决问题”的信号。

一个团队开展的业务越多，想要占领的市场越大，面临的问题也就越多，下属犯错误的概率就越高。这些问题并不只是为难管理者，对团队中的所有成员都会造成阻碍和困扰。所以，管理者要通过集体会议、日常闲聊等场合的交流，向下属灌输这个概念，让他们明白解决问题的必要性和紧迫性，转移他们对“谁对这个问题负责”的注意力。

第二，帮助下属培养自我批评的意识和勇气。

正因为强调多批评事和少批评人，所以就需要下属有自主批判的意识，让他们明白大家不是以抨击人为目的。培养这种思维习惯的深层意义是：当团队中的多数人都想成为老好人的时候，就只能依靠自己的主动批评来解决。管理者要让下属明白：自我批评并非是对自我的否定，而是对做错的事进行反思。

人们常说“对事不对人”，其实这和我们提倡的沟通原则并不完全一致。我们强调的是多批评事、少批评人，并非是不批评人。“对事不对人”从字面上看是“重事理而非人情”。如果从内因和外因相互影响的角度来看，事理和人情本身存在着博弈的关系。这也是人们常说的中国人和美国人的最大区别：对待事情的态度不同。美国人很多时候从事情本身出发，人是人，事是事，绝不会掺杂过多的人情，然而中国正好相反，所以现在很多企业推崇“对事不对人”是走向了另一个极端。

“对事不对人”的偏差在于，企业人力资源管理的核心是人，如果处处都以事为批判对象，那么人的问题又该如何解决呢？众所周知，一个团队的合力大小，取决于全体成员的贡献，而并非是我们常说的“二八法则”，因为如果真有80%的员工需要让老板白白养着，那么这个老板的智商值得怀疑。从这个角度来看，只有提高团队全员的工作能力、敬业心、战略性眼光等综合素质，才能提高团队整体的战斗力。如何能达到这个目的呢？那就是以事为主，偶尔针对某个人。

有些管理者可能会头疼，因为他们担心针对人会很麻烦，不知道如何拿捏尺度，其实大可不必担心。人既是理性的，也是感性的，同时也是充满弱点的，身为一个管理者要学会发现并利用下属身上的某些弱点，借用这些弱点帮助你进行沟通。在少批评人多批评事这个话术技巧上，我们可以通过提高表达个人感受的能力来寻找突破口。

现在，有人将“表达个人感受的能力”称为“述情”，这是管理者在批评人和事时需要借助的一种话术技巧。述情包含着三个方面的内容：描述什么，如何描述以及怎样巧妙地描述。

举个例子，某公司的一个项目提成发下来之后，有下属认为自己拿得比别人少，于是在团队中散布“管理者偏心眼” “公司有内幕”等谣言，造成了很坏的影响。这时候管理者需要找下属谈话，但要明确一点：该下属是因为分配劳动成果不均才犯了造谣生事的错误，而不是逃避劳动而犯了错误，从感情上应该表示理解，因此要针对这件事来批评而不能上升到本人。

当管理者找到该造谣的下属时可以这样说：“你这么说我感到很冤枉，因为是按照公司规定分配的提成，从业绩上看你们相差不大，但在账面上我们会四舍五入，这样差距就大了，但这并不代表公司对你们区别对待。”

这段话的意义在于三点：“感到很冤枉”“按照公司规定”以及“并不代表公司对你们区别对待”。“感到很冤枉”是表达管理者自己的无奈，因为管理者也是严格按照公司的规章制度走正规流程，这名抱怨的下属想必也清楚，所以将怨气撒在管理者头上当然是无理取闹。注意，这里的“冤枉”表达的就是一种感情，如果替换成“无语” “气愤”“失望”等词汇，效果就大不相同。因为我们强调了要用“述情”的方式批评事，那就应当打动对方，让对方自主反省造谣是一种不理智的行为，而“冤枉”一词解释了述情的内容。“按照公司规定”是针对这起风波的核心——员工应当服从公司的规定。无论是管理者还是下属，他们都受到规章制度的限制，有情绪可以理解，偶尔冲动也能原谅，但是气出了、火消了，一切还要以制度为准绳，不能无休止地宣泄个人情绪，这是如何述情的话术部分。“并不代表公司对你们区别对待”展示了巧妙的述情技巧：两个业务能力不相上下的人，得到了有差距的奖金，但这和他们在团队中的被重视程度无关，公司也不存在偏心的情况，所以造谣的下属应该放下心努力工作，争取下个项目拿到更多的提成。利用这种“述情”的话术，既将事批评完了，对人所犯的错误也点到为止。

利用“述情”和下属沟通，就是通过打感情牌去讲道理，利用了人情作为武器又避免了被人情束缚的可能，以不伤害合作关系的方式表达出管理者的真实想法，保住了下属的面子，达到了沟通的目的。

述情并非是一种控制术，也不是一种诡辩术，是一种结合了中国文化背景的职场沟通术，它的核心价值就是将批评人的尴尬转移到批评事上，同时又不走“只对事不对人”的极端。述情式的话术是在人际关系中最合理的沟通模式，比单纯的批判、责罚和哄骗要好很多，它能够促进管理者认知能力的提升，也能更直接地促使下属自我反省，有利于团队情感关系的共建。

在团队的日常管理工作中，企图只批评事不批评人的思维是不可取的，高明的沟通术是借助“论事”来“谈人”，只针对事或者只针对人，都是对团队、对下属以及对自己的不负责任，既不会产生良好的沟通效果，更不会营造和谐、融洽的管理环境。

2. 批评和夸奖要相互结合

批评和夸奖，是管理者对下属最常见的两种表达方式，也是沟通中最常使用的技巧。区别在于，有的管理者喜欢用批评作为手段，有的管理者喜欢用夸奖作为手段。造成这种差别的根源和管理者的思维方式及行为风格有关，不过很多案例已经证实：单纯使用批评或者单纯使用夸奖作为沟通手段都有弊端，要想增强沟通效果，提升团队的业绩，只有将二者结合起来才有效。

我们先来分析一下批评在话术中的作用。

日本管理大师畠山芳雄说过这样一句话："如果不去批评或提醒已成为您的习惯的话，即便您经常考虑部下的事情，部下也'燃烧'不起来。"由此可见，批评是提高一个管理者业绩的重要手段，那些作风严格的管理者往往能够创造很高的业绩。

通用电气公司的掌门人杰克·韦尔奇被认为是美国最强硬的老板，很多人和他打交道时，能够感受到一股强悍和硬朗的气场，但是他并没有把好员工吓跑，反而成为高绩效的管理者。杰克·韦尔奇的高级助理罗塞娜曾经这样评价他："杰克是很强硬的，他的这种强硬也影响整整一代的商业领袖们变得更强硬，也更聪明，他们的企业也变得足够坚强，能够更好地应对恶劣的经济和市场动荡。"

批评能造就一个成功的管理者，那么夸奖又会产生什么作用呢？

日本的科学家们曾经进行过一项研究，他们让48个成年人学习并表演一种很特别的手势——在半分钟之内以一种奇怪的顺序敲击键盘的按键。经过一段时间的训练，这48个成年人学会了这种手法，于是被分成了三个小组：第一组有一个评估员，会夸奖每一个参与者；第二组中参与者会看到其他另外一组的参与者受到夸奖；第三组是每一位参与者根据图表进行自我评估，没有外人对他们夸奖。后来，当参与者要求在第二天进行重复练习之后，直接受到评估员夸奖的第一组表现最为出色。这项研究证明了夸奖对一个人的激励作用。

世界上很多著名的管理者都喜欢用夸奖的方式激励他们的下属，其中就有杰克·韦尔奇。很多人都会感到奇怪：他不是最强硬的老板吗？怎么也会夸奖人？其实杰克·韦尔奇的一个成功诀窍恰在这里：他是一个懂得将批评和夸奖相结合的管理者。在杰克·韦尔奇的公司，他的下属都有机会得到由他亲自签名的小纸条，上面写着鼓励和赞美的话，哪怕是最基层的车间工人也有机会得到。在通用电气公司，大家都以得到杰克·韦尔奇的小纸条为荣耀。

曾经有企业家说："人都是活在掌声中的，当下属被上司肯定、受到奖赏时，他才会更加卖力地工作。"对此，戴尔·卡耐基也表示认同："当我们想改变别人时，为什么不用赞美来代替责备呢？纵然下属只有一点点进步，我们也应该赞美他。因为，那才能激励别人不断地改进自己。"

从杰克·韦尔奇的管理案例可以看出，真正优秀的管理者，是懂得将批评和夸奖相结合的，批评是从反面督促下属不断进步，夸奖是从正面鼓励下属不断进步，二者缺一不可。

关于批评和夸奖的关系，日本的专家们进行过一个测试。他们将公司的管理者分为四个小组：批评小组、夸奖小组、沉默小组（不批评也不夸奖）、批评+夸奖小组，然后对这四个小组的工作成果进行评估，结果成绩最高的是批评+夸奖小组，最差的是沉默小组，第二名是批评小组，第三名是夸奖小组。

关于批评和管理还有这样一组统计数据：能力普通的管理者产生的效益只有34%，在某方面有特长的管理者的产出效益则高达64%，如果一个管理者具备两个或者两个以上的突出能力，他们的产出效益会达到72%、81%和89%。由此可见，管理者对下属仅有批评或者是夸奖都是不够的，而能够让下属产生某方面的特长，就会像管理者一样，能产出更高的效益。

从这个角度看，我们可以提出一个有关批评和夸奖的“二八法则”：用80%的精力去发现下属的长处并夸奖他们，再用20%的精力去发现下属的短处并做出批评。这种巧妙的结合方式也许会更有效果。

现在，很多出色的管理者都意识到了批评和夸奖的博弈关系，他们会审视自己在工作中批评下属和夸奖下属是否出现了比例失调：对下属夸奖太少或者批评太少。那么，如何在沟通当中把握这个“二八法则”呢?

无论是批评还是夸奖，都需要掌握一定的技巧。批评的技巧是指出下属犯的错误，而不是又吼又叫或者贬低讽刺；夸奖的技巧是称赞下属区别于他人的长处，而不是用万金油式的表扬去敷衍对方，那只能叫说好话。但是，真正具有技术含量的，是将批评和夸奖结合在一起使用，主要有三大技巧。

第一，要以制度为准绳。

无论是批评还是夸奖下属，管理者都要以团队的规章制度作为依据和准绳：触犯制度要批评，遵守制度要夸奖。脱离于制度的批评和夸奖没有实际意义，也起不到帮助下属成长、改变认识的作用。比如，某下属上班迟到了三分钟，按照规定十分钟之内的要罚十块钱，这时管理者找到了下属，就要针对他触犯制度的行为进行批评，这时下属不会产生抵触情绪，但是批评结束之后，管理者还需要对下属进行夸奖，夸什么呢？夸他的认错态度。一般来说，为了十块钱下属都会心甘情愿地接受惩罚，所以当管理者夸他们认错态度较好时，下属低落的情绪就会好转不少，会主动检讨自己的迟到行为给团队带来负面影响，以后就会加强时间观念。对于管理者来说，将罚款和口头奖励相结合，是最能让下属牢记迟到教训的方式，比单纯地批评和夸奖的作用更大。

第二，小事要“狠批评+小夸奖”，大事要“小批评+狠夸奖”。

古语有云：勿以恶小而为之，勿以善小而不为。很多管理者在下属犯了小错时不追究，犯了大错则严厉惩罚；还有的管理者在下属取得一点小成绩时就使劲表扬，好像生怕他们再也得不到更大的成绩一样。其实这两种观点都失之偏颇：越是小的错误，管理者越要当成大问题去说，因为这是在阻止他们犯更大的错误；越是小的成绩，越不能过分夸奖，因为你要激励下属取得更大的成绩。举个例子，如果一个做文职的下属没有将年度总结报告排版清晰，出现了很多空格甚至串行，管理者就必须严厉批评，因为这种排版错误可能会影响到更重要的文档编辑。管理者可以这样说：“××公司就是因为标书不规范而被取消了资格，千里之堤溃于蚁穴，说的就是这个道理。”这样的批评方式下属基本都能接受。但是除此之外，管理者还要对下属撰写文案付出的辛勤劳动进行夸奖：“虽然有一些错误，但是基本的内容都写进去了，你这种求实的工作态度值得肯定。”通过这种批评和夸奖相结合的话术，下属的心情就会得到平复，就能够保持理智，认识到自己所犯下的错误。

再举一个例子，当这位下属在做投标文件时发现了一个被公司忽视的、能扭转结局的竞争对手的漏洞时，可能带来几十万元甚至上百万元的经济收益，管理者可以这样说：“这次多亏你找到了我们翻盘的机会，我代表整个团队感谢你并考虑给你物质奖励。”用最高层次的精神奖励和物质奖励，这样才能刺激下属去做出更大的贡献。但同时也不要忘了小小批评一下对方：“但是这件事也从侧面反映一个问题，我们之前投标也出现了漏洞，当时也是你做的标书，所以这次你也要借助别人的错误吸取教训。”这样小批评的目的是防止下属忘乎所以，避免他在接下来的投标工作中也犯同样的错误。

第三，正确表达出管理者的情绪。

但凡是情商高的管理者，是绝不会因为下属犯错误而影响到自己的情绪的，也不会因为下属取得成绩就喜出望外，商场如战场，有成功的项目就有失败的项目，有赚钱就有赔钱，只有正确看待得与失、利与弊，懂得用塞翁失马的心态去看问题，才能处乱不惊，带好团队。因此，管理者在对下属进行批评或者夸奖时，要牢记最终目的是让下属发现自己的缺点或者优点，改正或者发扬，成为对团队有贡献的人，而管理者本身只要表明态度即可。

举个例子，一个下属连续迟到好几天，管理者没必要为此生气，但是当你批评他的时候，必须用一些关键词表达出你的情绪：“如果一次迟到是因为交通问题我能理解，两次迟到算你运气不好我也能理解，但是三次、四次迟到那就是态度问题了。既然你住得那么远，是不是应该比别人早起一点才能避免迟到呢？”用这种一浪高过一浪的排比句式，是最能传递说话者愤怒情绪的，下属听了必定会意识到事态的严重性。但是同时也别忘了表达出你的夸奖：“迟到这件事确实不应该，但同时我也很欣慰，你家距离公司这么远，每天别人没起床你就已经出发了，在这种情况下坚持了几年也是一种毅力。”换个角度一说，就巧妙地将前面表达的愤怒和现在要表达的同情结合在一起，下属就不会觉得管理者没有人情味儿，会愿意主动检讨错误，将迟到的根源指向自己。

我们所说的批评和夸奖要遵循“二八法则”，并非是片面理解的概念，针对不同情况可以进行调整，比如有时候是80%和20%的关系，有时候是70%和30%的关系，有时候甚至是90%和10%的关系……管理者只需要厘清一个概念：尽量让批评的比重小于夸奖。当然，对那些屡教不改者，批评的比重就必须加大，态度恶劣者，夸奖也就没有任何意义了。

当一个人真的无可救药时，任何沟通技巧都是无效的，我们可以将“软硬不吃，油盐不进”改为：“在绝对的油盐不进面前，任何沟通技巧都是无效的。”身为管理者，既要懂得协调批评和夸奖的比例，也要认清面对的沟通对象。只有心中有了明确的标尺和刻度，沟通才有了清晰的方向，才能达到预期目的。

3. 间接提醒他人不要犯错

《三十六计·指桑骂槐》中有一句话叫作：“大凌小者，警以诱之。刚中而应，行险而顺。”这句话的意思是，强大的人想要威慑弱小的，需要用警告的方式，只有采用适当的强硬策略，果断处事才能让人敬畏。这句话所对应的计策就是我们常说的“指桑骂槐”。中国历朝历代的带兵之人，都崇尚 “无威严不可以服众”的主张，常常用这种方法来整治军纪。

指桑骂槐听起来不太舒服，却很有实用性。很多管理者的职场谋略就是用指桑骂槐的办法树立威信，对那些不服从管束又不好直接批评的人进行威慑。有人会觉得无法理解，既然下属是相对弱小的，为何还要间接提醒而不直接明示呢?

指桑骂槐主要针对着三种下属：第一种，老员工，他们经验丰富，人脉广，而且是职场的老油条，一旦对他们进行正面压制，他们必然会产生对抗情绪，轻者用各种小阴谋来对付你，重者直接撂挑子走人，更有甚者可能会对你进行打击报复，所以最好的办法是暗示；第二种，自尊心强的员工，他们可能有着一技之长，同时也藏着一颗玻璃心，如果公开批评会打击他们的工作积极性，为了保留面子只能间接提醒；第三种，私人感情较好的下属，他们可能支持过你，在团队中人缘也不错，口碑很好，如果当面批评会影响你们之间的感情，因此指桑骂槐是最好的选择。

管理者的领导艺术，最重要的就是体现在树立威信上。为何要树立威信？因为在团队中要发号施令，要做到“令出即行”，这需要管理者既要有魄力又要有威信。那威信是如何建立的？是日常工作中一点一滴积累起来的，体现在下属对管理者的服从关系上。当然，这种服从不是盲从，是对管理者做出正确决定后的拥戴和支持。如果一个管理者下的命令没人愿意执行或者消极执行，威信何从谈起？尽管如此，管理者也不能因为自己是团队的领导就任意批评某个下属，间接提醒的重要意义也就在于此。

必须强调，我们提倡的是“间接提醒”而不是“直接提醒”，有的管理者以为当着别人的面批评某个下属是在“指桑骂槐”，这完全是一种误解。间接提醒并非是当着第三个人的面，而是通过某种方式让第三个或者更多的人知道。比如某个下属因为提交方案延误犯了错误，可以通过扣罚奖金的方式惩罚，而不是当着大家的面公布。因为这种事会牵涉到财务部门或者行政部门，所以必定会有第三个人或更多的人知道，自然会产生“间接提醒”的效果。那么，管理者如何巧妙地间接提醒下属呢？

第一，要保持不温不火的态度。

无论批评的最终目标是被批评者还是旁听者，都不应当过分，否则会适得其反。比如，管理者在批评下属的时候态度粗暴甚至带有人身攻击的话，即使不是被批评者，其他人得知以后也一定会反感，因为大家都懂得换了另外一个人也会遭受同等待遇的道理，这样的间接提醒等于间接得罪全体。如果被批评者在团队中具有一定的号召力，集体跳槽的事情也不是不可能发生。

正确的做法是，管理者应当用公司的制度作为批评的理由，比如可以这样说："小李，你擅自给客户报价这是违反公司规定的，我知道你是怕客户寻找新的合作方，所以下不为例。"这样既能够让下属心服口服，传出去也能提醒其他人注意遵守公司的规章制度。

第二，要有针对性。

管理者不能为了批评而批评，在批评之前要明确自己想要达到何种目的、何种效果。然而有些情商不高的管理者偏偏喜欢将批评下属当成发泄的手段，殊不知越是这种沟通方式越会激起民愤，最后让你众叛亲离，变成孤家寡人。

正确的做法是，管理者要在批评下属前将对方近期犯的错误都罗列出来，挑出其中最具有代表性的，也是其他下属会犯的代表性错误，不要一条不落地讲，否则会让下属认为你气量狭窄，难以长期共事。比如，管理者批评下属时可以这样说："最近你的工作状态欠佳，几个项目和客户的对接都存在问题，我就简单说几个事情，不是针对你，只是针对这种现象，希望你能举一反三，尽快调整状态。"有了这样的开场，下属心里也有了底，管理者的批判也会有目标和方向。有了这次私聊之后，在下次例会上，管理者可以将涉及的这几个问题重申一遍，但不要指名道姓，这时下属也不会责怪你，因为如果你想当着众人面让他难堪就不会有之前的私聊，他只会认为你是就事论事。这种沟通方式既保住了下属的面子，又将大家常容易出错的问题再度重申，有心者自然会明白这是用他人的错误来教育大家。

第三，遵循“法不责众”的原则。

团队中无法不立，如果连管理者都没有威信，团队还能有正常的工作秩序吗？不过，为了威信而过于严厉只会物极必反，造成更严重的后果。所以间接提醒的目的不是为了打击多数人，而是为了孤立少数人。不过，管理者在使用这种话术时要注意适用范围。比如下属中很多人虚报开销给公司带来了损失，这种事只能抓住一个侵害团队利益最大的，对其进行经济上的惩罚，但是在集体会议上不必强调，因为这种事一般传得都很快，经济上的惩罚也会引起大多数人的畏惧，警告的目的也就达到了。相比之下，如果过分夸大虚报开销的惩罚手段，加强“间接提醒”的传递效果，说不定会有一些胆小的下属主动辞职避难，因此管理者要控制“提醒”的激烈程度，不要造成恐慌情绪。

第四，巧妙打出感情牌。

间接提醒的最终目的是给管理者树立威信，而威信也包含着管理者的人格魅力、宽容大度和处世哲学等。所以要在间接提醒的同时进行间接的安慰，切莫将本来就容易对立的上下级关系进一步激化。比如，某个下属因为态度较差和客户顶撞，管理者在对其进行批评之后，要在公开场合做出这样的发言：“虽然××的做法不对，但是他也的确指出了客户对我们的误解，这个值得肯定，我们需要改善的是工作方法，但也应该明白，我们不是客户的奴隶，我相信××通过这件事情一定会成长。”这样的间接提醒，既告诉了其他下属要注意和客户的态度，也展示出了作为管理者的理性视角和宽容度，能够软化上下级对抗的情绪，让更多的人进入正常的工作状态。

间接提醒是一种高明的沟通方式，但也不要过于迷恋它。管理者必须分析被批评的对象，如果是那种本身就代表着团队大部分人的犯错误者，就要酌情考虑是否进行批评。比如因为某个紧急的项目，团队集体连续加班，有个性强的下属临时家中有事，不请假私自回家了，但没有造成严重的后果，这种行为就不必批评，否则引来的是全体加班下属的声讨。管理者要懂得该进则进，该退则退。当然，如果其他人效仿这个下属也偷偷回家，管理者就必须点到为止地提醒一下。当团队成员将心中的不满发泄出去以后，自然会回归到理性层面，管理者的几句安慰和宽容，会让大家觉得得到了体谅，他们也会主动自觉地维护管理者的威信。

管理者只有掌握一定的话术技巧才能树立起威信，我们常说的“恩威并举”正是对威信的完整诠释：一个只会恫吓下属的管理者其实是纸老虎，只有奖罚分明的管理者才能建立起威严。掌握了间接提醒的诀窍，才能让更多的下属对你心服口服。管理者一定不能忽视间接提醒的重要意义，坐在领导位置上不能心慈手软，为了地位更加巩固，为了团队更加稳定，对所有可能出现的错误要及时抑制，才能防微杜渐。

归根结底，间接提醒是让不安分的人安分，而不是让原本就不安分的人更不安分。团队中再强调秩序，管理者和下属的关系最终也需要情感维系。借用“杀鸡儆猴”这个成语粗俗地说：在杀鸡儆猴之后要学会安慰“猴”，把下属的心拉到管理者身边，才能让他们更紧密地团结在管理者的周围。

4. 屡教不改，要用话术深入下属的内心

管理学家卡特·罗吉斯说：“如果我能够知道他表达了些什么，如果我能知道他表达的动机是什么，如果我能知道他表达了以后的感觉如何，那么我就敢信心十足且果断地说，我已经充分了解他了，也能够有足够的力量影响并改变他了。”这段话点明了管理者对下属的核心沟通技巧：能够了解下属的想法才能提高沟通成功率。不过事实上，很多管理者并不了解下属，特别是当下属屡次犯错且屡教不改之后，管理者依然不知道问题出在哪儿以及该用何种方法解决。

英格兰有一个公司的老板为了了解员工，采用了一个大胆的办法，他在自己的公司“卧底”两个星期，伪装成一个办公室职员在十个不同的地点工作，最后获得了大量的有价值的信息。可见，管理者了解下属并不难，难的在于是否愿意打破“沟通的壁垒”。归根结底，对下属的不了解是很多管理者的“认知盲区”，是没有深入下属的内心世界所造成的认知偏差，长此以往将极大地影响团队聚合力的发挥。那么，如何用话术去探明下属的真实想法呢？主要有三种方法。

第一，深入性提问。

下属多次犯错，要么是经验不够，要么是能力不足，要么就是有意而为之。身为一个管理者，如果不能确定是哪个原因，就必须用话术探明。比如，某个下属一个月之内多次写方案通不过，管理者可以这样问：“我知道你是一个工作认真的人，但是没有做好工作，我想是不是你的兴趣点不在这儿？”这样发问的好处是不直接指出下属的错误，而是让他主动说出来。如果下属确实更适合做其他工作，他很可能会在这个时候说出自己的想法，如果不是，管理者可以接着询问：“每个岗位都需要经验，但是每个老手也是从新手走过来的，如果你愿意我可以给你找个经验丰富的人带带你。”如果下属表示需要，证明他确实经验不足但兴趣点还在这儿，如果不需要则有两种可能：一种是相信自己的经验，另一种是伪装自己很有经验，这时候问题就比较严重了，因为这涉及了下属的工作态度问题。那么管理者可以这样问：“一个团队需要大家集体努力，我想你也不愿意成为拖后腿的那个人，如果你经验丰富兴趣又在这里，能否给我一个屡次犯错的理由？”这句话说出以后，下属就不得不正面回答问题了，如果还是不肯说出实情，管理者就可以停止沟通，从该下属身边的人问起，因为拒绝回答这个问题怕是有难言之隐，管理者也没必要胡乱猜测。

第二，拓宽了解渠道。

想要了解下属的想法，不要受限于工作时间和工作地点，可以尝试着拓宽了解下属的渠道，说不定就能“柳暗花明又一村”。举个例子，马云、张朝阳这些互联网大咖，经常在自己公司的年会上做一些比较出位的表演甚至恶搞，用来拉近和员工之间的距离，这就是通过拓宽了解渠道来提高沟通效率的手段。管理者可以根据团队实际情况，通过员工出游、拓展训练、年会活动等非正式渠道主动接近下属，不要急于沟通，而是观察目标下属和其他下属的互动情况，如果没有发现问题再直接联系。

由于跳出了工作场合，管理者可以以兴趣爱好、新闻事件、个人生活等多方面作为切入点，寻找和你想要了解的内容最接近的。注意，如果下属真的在意“屡教不改”的现状，十之八九会在你的诱导下主动谈起，如果管理者进行了多次暗示还不能进入正题的，存在两种情况：一种是该下属情商太低比较麻木迟钝，另一种就是有意回避。如果是前者，那你可能就找到问题的根源了：该下属是一个不懂得反思和自省的下属，所以不能充分认识到自己的错误，那就需要帮助他们自省，这个前文我们讲过，不再多说；如果是后者，那么就要找出回避的原因，一般来说是由于下属的某种需求不能满足造成的，比如薪资待遇不合理，所以故意屡教不改，这就需要管理者留意下属近期的人事状况：是否遭到了不公平的待遇，等等，一旦找到问题的源头自然就容易解决了。

归根结底，管理者和下属之间的信息存在不对称，这是由于信息获取和传递机制的失败造成的。比如，上面我们提到的英格兰公司的那位老板，他正是通过扮演员工才了解了管理者对下属的态度和管理方式，这种来自基层的信息最为宝贵，因为当它们传递到高层之后会被层层过滤甚至是歪曲，到达管理者那里就完全面目全非，失去了参考的价值。所以，越是规模大的团队的管理者，就越难以真正了解下属，特别是下属的下属。据说，日本的部分企业提倡老板和高层管理者经常到基层进行走动式管理，这就是为了拓宽了解渠道。另外，还有一些国外的公司建立了内部信息的收集和传递机制，在公司内部设立信息部门和信息主管，以互联网为媒介，让管理者和下属之间进行零距离的接触和沟通，这些都是增强沟通效率的方法。

第三，缺少对下属的心理预期管理。

下属在工作的时候想什么，基本上是由他的心理预期决定的。一个人来到一个陌生的团队，他最看重的是什么？待遇？前途？和谐的人际关系？能提点自己的上司？离家比较近？这些都是下属的心理预期部分，在正式进入团队之后，他们会不断关注这些需求是否被满足，如果没有被满足，他们的心理预期就无法达标，就会产生负面情绪，而管理者没有认清他们的心理预期之前，就会盲目地寻找和猜测他们“屡教不改”的真正原因。

那么，如何建立心理预期管理呢？在招聘新下属的时候一定要面谈，哪怕管理者再忙也要抽出时间和下属面谈，直击重点，比如可以这样问：“是什么原因让你来到我们这里呢？”或者“如果给你一个机会，你想提什么要求？”通过这种试探性的话术可以大体了解下属的想法，如果没有了解到也不必着急。在新下属正式工作一个星期之后，让下属写一个关于试用期心得体会的书面性文件，管理者在浏览之后再找下属面谈，询问他们在公司的感受。注意，这里需要管理者不断跳转话题，最好在工作和生活中间连续切换，这样能够“套”出下属的真实想法。比如可以这样问：“听说你以前参加过设计大赛获得了一等奖，你很想把这项技能运用在广告设计上对吧？”下属的回答可以判断出他是否在意才能被使用，但是下一个话题可以跳转到“你们美院的同学还有在广告界工作的吗？没事也出来聚聚吗？”这句话看似是谈论个人生活，其实也是在试探下属的态度：如果他很在意凭借设计才能崭露头角，多少都会和从事广告行业的朋友保持联系，通过他的回答可以锁定一个大致方向。

心理预期管理，其核心就是能否满足他们的核心需求，当他们的核心需求没有被满足时，就会给团队的整体协作带来阻碍，只有提前进行试探，才能给予下属最大的满足，不然当下属对团队彻底失望时，再高明的沟通手段也都无济于事了。事实上，下属的心理预期包含着希望对团队做出多大贡献的期望，也包含着团队能给他们多高回报的期望，这是管理者和下属之间的“隐形合同”。一个无视下属心理预期的团队，是一个不专业的团队，因为他们无法满足下属的需求，下属也就不能满足团队的需求。

了解和探知下属的真实想法确实有难度，关键在于管理者是否愿意拿出诚意。只要有了诚意，下属还是愿意向管理者敞开心扉的，最起码他们会说出对团队的心理预期，只要掌握了这些核心需求，下属就不会产生过多的负面情绪，也不会出现屡教不改的情况。

俗话说：“铁打的营盘流水的兵。”事物的静态是相对的，动态才是绝对的。一个出色的管理者，不仅需要具备高超的沟通技能，更需要在沟通之外具备察言观色的技能。当你使用话术窥探下属的内心世界时，不要忘记观察他们的微表情、微动作以及穿着打扮，判断他们是否在近期发生了变化，只要多走心观察和交流，必定能发现部分原因。

曾经有人总结说，敏锐的领导者是优秀的心理医生，能及时地为下属排忧解难；豁达的领导者是杰出的党委书记，擅长做下属的思想工作；智慧的领导者是英明的统兵大将，可以审时度势且知人善用。从和下属沟通的这个角度来看，管理者还是应该敏锐一点儿才好。了解了下属的内心动态，就等于抓取到了团队的未来。

5. 巧用话术安抚团队情绪

美国的一项研究显示，企业在员工情绪管理项目上，每投资1美元就能得到5～7美元的回报。根据相关机构调查，那些让员工心情愉快的企业投资收益更大。虽然在中国还没有相关的数据证明员工情绪管理的效果，然而可以肯定的是，企业越早意识到这个问题的重要性，就能越早得到回报。

越是高等的团队，知识型人才占据的比重越大，而知识型人才有一个特点是：他们的潜力挖掘和情绪有很大关系，心情越愉悦，创造的价值也就越大。如果从个体扩散到团队，那么带给团队的影响是非常大的。

一般来说，下属的情绪可以分为两种：一种是负面情绪，比如恐惧、愤怒、仇恨、贪婪等；另一种是正面情绪，比如乐观、忠诚、感恩等。负面的情绪会影响到团队的士气和下属的工作效率，正面的情绪能提高士气和工作效率。因此，要想让下属保持良好的情绪，就要通过良好的沟通安抚他们的负面情绪，确保团队的正常运行秩序和整体业绩。

心理学有一个“情绪ABC理论”，该理论认为人的情绪并非是通过一件事情引起的，而是经过这个事件的人对这个事件的解释和评价引起的。情绪是个体被激起的一种状态，反映了客观世界和人的需要之间的关系，由于每个人的主观态度不同、期望不同，所以对同一事件产生的情绪反应也不同。其中“A”是指诱发事件，“B”是指引发情绪的直接原因，“C”是指引发情绪后的行为反应。

通常在团队中能够引发下属情绪的因素有：工作压力、职位冲突、人际关系等。这些因素只要和下属的期望或者信念产生矛盾就能引发某种负面情绪，轻者表现为情绪低落，重者会出现情绪失控。如果不能将不合理的观念消除掉，这种负面情绪会不断延续下去，最终给团队的利益造成严重损害。

需要强调的是，情绪问题不是心理问题，所以管理者对待下属的这种情绪要保持平和心态，要从下属的物质和精神需求出发，既要看到他们的工作、生活等实际困难，又要看到他们的成长进步和自我实现。

情绪管理首先要做到将下属的个性和能力与职位相匹配。在《卓有成效的管理者》这本书中有这样一段话：“用人所长是卓有成效的管理者必须具备的一种素质，是一个组织工作是否有效的关键。”由此可见，下属能否长期保持正面的情绪，是和他被管理者如何“使用”有着密切联系的。

在企业界有个奇怪的现象是，不少出色的员工在工作两至三年后就会辞职，而辞职的原因未必是获得更高的薪资和职位，往往是转行从事其他职业或者选择了更为安稳的工作，更有甚者辞职后什么都不做而去旅游。造成这种现象的原因是，这些员工在工作的两三年之内已经身心疲惫，对工作失去了兴趣和信心。从这个现象中可以做个解读：管理者应当学会防患于未然，在下属产生负面情绪之前尽早遏制和疏导。

既然负面情绪危害如此之大，那管理者怎样才能有效地安抚下属的情绪呢？

第一，建立和谐的沟通氛围。

和谐的沟通氛围体现的是良好的团队文化，在世界五百强企业中，有超过90%的企业建立了员工辅助计划，让员工享受相关服务，比如压力评估、教育培训等。目前国内的企业虽然不具备这种条件和土壤，但可以让管理者通过沟通手段进行。比如和下属在工作之余聊天，询问他们的工作状态，了解他们是否承受着项目压力。如果担心下属不愿对管理者说实话，可以询问那些和下属关系较好的人，通过他们去了解下属的当前状态，及时掌握他们的行为、信念和价值观的动态变化，进而准确地捕捉他们的情绪。

和谐的沟通氛围有一个成功的标准：下属和下属、下属和管理者能够畅所欲言，能够将心中不满的情绪发泄出去，这样也能缓解负面情绪的积郁。比如，管理者可以多开展一些集体活动，在互动娱乐中让下属卸下负担，敞开心扉地和自己交流；或者也可以多搞些聚餐，酒过三巡之后，下属也乐意说出一些真实想法。这都可以帮助管理者更好地探知他们的内心世界。

第二，建立家文化的管理氛围。

所谓“家文化”，是指在团队中模拟家庭氛围，使之成为严格管理环境中的润滑剂，让下属凝聚到一起。特别是对那些刚进入职场两三年的下属，由于他们业务不够精熟，所以会将大部分时间都投入工作当中，无暇顾及私人生活；还有那些异乡来的下属，由于家人不在身边，也会缺少关爱。这就需要管理者尝试扮演“长辈”或者“兄弟姐妹”的角色，无论是在工作环境之中还是工作环境之外，都不必时刻板着脸孔说话，要在沟通中多加入一些对他们个人生活的关心，偶尔也可以讲讲大道理而不必担心下属感到厌烦，因为“家文化”的特征就是有家长式的“唠叨”，多叮嘱下属吃饱穿暖，多叮嘱下属外出注意安全，这并不会让下属反感，反而可以营造出一种亲切的家庭氛围。

第三，打造学校氛围。

学校氛围是指制造提升能力和综合素质的组织氛围，我们常说的“学习型组织”就是强调让员工养成一边工作一边学习的工作模式。如果一个团队能够扮演学校的角色，能够让下属在团队组织的培训活动和实践活动中取得成长和进步的机会，他们就不会担心因为个人能力无法提高而失业，这会增强他们的安全感，减少负面情绪的产生。

第四，将反例摆在桌面上谈。

所谓反例，是指团队内部发生的员工被开除之类的重大人事事件，因为这类事件最容易引起其他成员的恐慌，所以管理者在处理时一定要讲究方法。比如，当有下属因为个人原因不能胜任岗位工作时，管理者就要考虑将其劝退。然而在该下属离职之后，必定会有人讨论他为何被劝退，其中不乏喜欢搬弄是非的人添油加醋，这会乱了“军心”。这时作为管理者，一定要确保团队的情绪整体稳定，需要注意三个问题。

首先，要安抚在职下属。对下属的工作成绩进行肯定，让他们知道被劝退的下属是因为不能遵守团队纪律才被劝退，不能说是因为工作能力不足、业绩较差被劝退。因为“工作能力”是一个比较含糊的概念，没人能准确地定位自己有多大能力，所以不能以这种理由去安抚其他下属。同时，“工作业绩”又是一个涉及客观因素的问题，有些行业在旺季时，再笨的人都能拿到订单，而到了淡季时再优秀的人也可能业绩滑坡，所以也不能使用这个理由安抚下属。

其次，公示下属离职的信息。在规模较大的团队中，下属和下属之间的熟悉程度会减弱很多，不同部门的人相互不认识也不奇怪，因此当一个人莫名其妙地离职之后，如果不明确指出真正的原因，会让其他下属产生好奇、猜测，也容易被居心不良者抓住造谣生事的机会，因此可以考虑通过公司的OA平台、工作群、工作邮箱等方式将某人离职的信息公布，避免节外生枝。当下属知道了真相之后，也就能安心继续工作了。

最后，拿出“正当理由”。不管是劝退下属还是强行辞退，都要事前准备好相关的证据和材料，以此作为辞退下属的依据，避免有些下属不服从，同时也能减少团队的法律风险。

总之，安抚下属的情绪是一项需要做细、做长的工作，不是三五天几个月就能有效果的，要做好打持久战的准备，也要学会洞察人心的技巧，更要运用体贴入微的话术，这样才能走进下属的内心。一旦下属从情感上对管理者和团队产生认同感，情绪管理就取得了成功，也会推动绩效管理、能力管理、人际关系管理等多方面工作的进程。

6. 不揭老底，给下属留面子

常言道：打人不打脸，骂人不揭短。说话一定要给对方留面子，不要轻易揭露别人的短处，应该就事论事。触碰别人的痛点不仅会让对方丧失对你的好感，还会让彼此的沟通一无所获。保护下属的自尊，就是在维系他们和团队共生共荣的聚力之心。

客观地讲，团队中的任何一个成员都有自身的缺陷，有些是性格上的，有些是生理上的。有的下属工作认真但性格内向，可能在和客户沟通时会有一定的障碍甚至闹出笑话；有的下属活泼开朗，人际关系良好，但曾经因为感情问题失态过，留下了不堪回首的回忆。这些都是下属心中的伤疤，不该被当成笑料，更不该被反复提起。

鲁迅笔下的很多文学人物都是性格迥异的，比如孔乙己、祥林嫂等，他们也都有各自的短处：孔乙己怕被别人提到自己偷东西，一旦说了就会面红耳赤地和对方争论；祥林嫂的痛点是曾经嫁过两个男人，认为自己不够贞洁，这成为她精神上最大的负担和耻辱。同样的道理，下属怕被揭短也是人之常情，因为人人都在意自己的自尊心，一个合格的管理者，必然是能够让下属信赖和尊重的人，想要得到下属的推崇，一定要学会维系他们的自尊。

古时候有一个叫鱼子的人，性格古怪，尖酸刻薄，经常喜欢拿别人的短处开玩笑。一次，鱼子和朋友们坐在一起喝酒，一个名叫吴丑的人因为怕老婆不敢喝太多酒，鱼子看了之后就说：“你们知道吴丑为什么不敢喝酒吗？因为他老婆管得很严，有一次吴丑喝醉了还被老婆打了几个耳光呢！”吴丑被当众揭了老底，恼羞成怒地离开，大家也都不欢而散了。

有些管理者和鱼子一样，喜欢揭下属的老底，原因无非有两个：一个是以此挟持下属，另一个是以此“激励”下属。事实上，这两种做法都是错误的。当你用下属的短处要挟他时，下属首先想到的是逃离你的团队，如果逃离不掉，他也会想方设法找到你的短处然后反过来要挟你，这叫“以其人之道还治其人之身”。当你天真地以为用短处可以鞭策下属时，下属在意的可不是自身的成长，而是丢掉的自尊如何修复，根本不会领你的情，反而会对你敬而远之。

如果下属没有尽到职责出现了工作失误，管理者批评是应该的，但要用正确的方式进行教导，目的是不让他犯重复的错误，不能以贬损下属的自尊为代价。因为给下属保留自尊就是给自己保留自尊。人类的认知心理是：伤害过谁不会记得，但是被谁伤害往往会记忆深刻。

通用电器公司曾经发生过这样一件事，一个名叫查尔斯的计算部门主管无法胜任他的工作，公司高层经过商讨打算免除他的现有职务。但是查尔斯也并非等闲之辈，他是电器领域的专家，公司离不开他，而他本人又是敏感易怒的性格，直接将他从主管位置上拿掉会让他颜面扫地，也会给他留下不光彩的老底儿。后来高层又经过再三讨论之后，给了查尔斯一个新的头衔：通用电气公司顾问工程师，工作和之前的一样，但是主管的职务却被空出来，让其他更有能力的人替代。

从这个案例可以看出，给下属保留面子是多么重要，像查尔斯这样的精英骨干，一旦被触碰了痛点，必然会对公司高层产生不满，无论他是去是留，都只能给通用电器带来负面影响，所以要学会巧妙地解决问题。

给下属留面子，不揭下属的短处，也是提升管理者领导能力的一个必要手段。比如，某个下属因为失误将一个产品的重要参数搞错了，结果导致样品不合格，影响了产品上市的进度。在此之前，他在其他公司也犯过同类错误。面对这种情况，有些管理者出于泄愤会这样说："都说同样的错误不能犯两次，你在别的公司犯了一次，在咱们公司又犯了一次，是不是只能各算一次啊？"这样的沟通带有满满的讽刺味道，这个下属基本上是无法在团队中立足了。管理者不应当揭老底儿，而是要针对下属工作上的不严谨进行沟通："由于你的失误影响了我们产品推向市场的进度，这个损失你应该比我更清楚，不过人无完人，这个项目你跟了这么久，我希望你能拿出百分之二百的努力亡羊补牢，下不为例。"管理者用这样的方式指出下属的错误，又给他保留了面子，确保了项目的可持续性和项目组的团结。

管理者能否服众，主要取决于他的个人修养，而品德高尚、富有涵养的人是不会揭别人的短处的。唐代的《封氏闻见记》中记载了这样一个事例：一个叫程皓的人做过检校刑部郎中，他从来不参与讨论别人短处的话题，而且还对别人说："这都是大家乱说的，其实不是这样。"说完之后，他还会一再强调被议论者的长处，将他们美好的一面展示给别人。像程皓这样的人，自然能赢得别人的好感，他所说的话也更具有权威性，因为一个喜欢谈论他人短处的人是难以托付信任的人。

在职场中，管理者和下属之间的关系本身就很微妙，有时候管理者无心的一句话，都可能被下属误认为是在含沙射影，这便是“说者无意，听者有心”。无意尚如此，如果一个管理者有意地频繁提及下属的痛点，会造成什么样的结果呢？下属会习惯性地将一切看似无关的事联想到自己身上，所以当管理者和下属沟通时，对方永远都在揣摩着管理者的“弦外之音”，管理者的一言一行也会在无形中伤害到下属。在这种沟通氛围下，管理者想要传达的核心信息就会被覆盖或者被忽略掉，从而达不到沟通的效果。因此，站在顾及整个团队利益的立场上来看，管理者为下属保留自尊也是一种全局策略。

7. 自我批评利于团队和谐

任正非说过一句话："华为会否垮掉，完全取决于自己，取决于我们的管理是否进步。管理能够进步，一是核心价值观能否让我们的干部接受，二是能否自我批判。"的确，一个管理者应该学会营造批评和自我批评的管理氛围，否则团队难以成长，管理者的威信也难以树立。然而现实的情况是，很多团队一方面刻意强调如何批评下属，另一方面却忽视管理者的自我批评，这就造成了一种态度的不对称，会引发不良的后果。

第一，会造成团队风气的恶化。管理者不愿意自我批评，会让下属也养成推诿扯皮的工作作风，一旦出现问题就相互指责，有了成绩争相抢功，每个人的行动都以自身的利益为出发点，置团队的利益于不顾，最终导致人心不振、团队涣散。所以，管理者必须带头进行自我批评并形成一种良好的工作习惯，甚至是规章制度，必要时可以落实在书面文件上，这样才能让下属重视起来。

第二，会导致问题难以解决。管理者不带头自我批评，会让下属缺乏责任感，更会缺少对问题追根究底的工作意识，对产品不负责，对客户不负责，对品牌不负责……长此以往，整个团队的工作链条会出现严重的断裂甚至彻底崩溃，即使有个别责任感强的下属，由于缺乏其他环节的支持，单靠自己也无法解决实际问题，而且会逐渐消磨掉他们的责任心，给团队的发展带来严重阻碍。另外，因为管理者漠视自我批评，会让下属考虑问题习惯从自身的立场出发，会让问题越积越多却又无人分析和解决，最终将团队的前途葬送。

第三，会让团队无法成长。管理者的“自我保护”会让团队的舆论环境变得沉寂，没有人愿意自我批评，更不会轻易批评别人，即便有也会变成互相舌战，导致正确的建议无法被采纳，管理者不能成长，下属也不能成长，团队会陷入缺乏反思精神的恶性循环当中，每个人的视角都会变得越来越狭窄，与外界的隔阂会越来越大，最终脱离市场，脱离客户，脱离时代。

为此，管理者必须学会自我批评，才能引导团队避免陷入困局当中。管理者要充分认识到自我批评的重要性，不能回避自己的错误，更不能推脱责任。

很多成功的管理者都敢于“揭自己的短”，善于发现自己的缺点并克服它。美国著名企业家艾斯迪·劳德就是这样一个人。有一天，一位女顾客在他的店里拿着一支唇膏问售货员会不会在就餐时掉色，售货员表示不会，还声称自己也在使用这种唇膏。她们的对话碰巧让艾斯迪听到，没等售货员说完就打断她的话，微笑着对那位女顾客说：“对不起，小姐。我们的营业员对这种品牌的唇膏不太熟悉，这种唇膏在吃饭时很容易掉色，如果我说谎，我的公司马上就倒闭。”女顾客听了以后不仅没有怪罪于他，反而痛快地买下了唇膏。顾客离开后，艾斯迪对售货员说："顾客是上帝，难道你可以随便欺骗上帝吗？你的不诚实，顾客总会知道的。只有诚实，才能赢得顾客的认可。"

从这个案例中可以看出，艾斯迪的诚恳和自我批评不仅没有让顾客失望，反而留给对方诚实守信的印象，和那些欺上瞒下、不敢正视错误的管理者相比实在高明。其实不仅是面对顾客时需要这种勇气，在面对下属时更要敢于自察、自省。身为管理者，只有在公开场合进行的自我批评越多，才能越给自己留住面子。那种将自我批评视为丢脸的管理者，短期内也许会包住面子，然而时间一长，他们就会品尝到自己种下的恶果。

那么，如何在沟通中建立起自我批评的模式呢？主要有三种手段。

第一，端正态度。

自我批评的态度往往比内容更重要，有的管理者也会自我批评，但批判的都是些无关痛痒的小问题，而且态度很不诚恳，让下属一看就是在作秀，这样的自我批评还不如不要。正确的做法是，管理者在和下属沟通时，要坦诚地表达出自己在某方面的不足，比如设计师刚做出一个设计图纸，管理者可以一边看一边和设计师这样说："我对设计领域一窍不通，这么多年靠的都是对客户内心诉求的把握，在大方向上我可以给你一些建议，但在细节上还需要你给我提出建议，因为很多时候缺乏专业知识还是会埋下隐患。"这段话既表明了管理者对设计的外行，也表达了不耻下问的态度，同时还强调了"对客户内心诉求的把握"的重要性，能够让设计师乐于为管理者讲解，也给予了对方业务之外的指导。

第二，明确责任。

自我批评不是简单的自黑，是为了解决实际问题。当业务领域出现了问题，管理者和下属就必须认真分析，找出问题的根源并着手解决，这才是自我批评的核心价值。比如，一个提交给客户的空间设计方案没有通过，管理者就要划分出责任占比：“这个方案的失策，一部分是设计团队没有领会客户的需求，另一部分是我没有给你们提供足够的参考，特别是客户往年的成品案例，责任算是五五开，下一步我们要吸取教训，争取将第二套方案做到让客户满意。”也就是说，自我批评不能太过虚假，即便把自己骂得狗血淋头，但是没有承担责任，这种责骂是没有意义的，反而会让下属认为你很虚伪，因此管理者必须拿出解决问题的态度，不能将责任推得一干二净。

第三，坚持反思。

自我批评除了解决当下问题之外，还要从中汲取经验作为风险预案，避免团队重蹈覆辙。比如，一款产品推向市场之后，客户认为使用时不方便，在得到这个反馈之后，管理者要尽快和产品经理和技术人员沟通，然后要在集体会议上提到这件事：“我们上次的产品没有考虑客户使用空间的问题，造成了实际操作的不便，虽然我们及时修正了产品，但是给我们提了个醒，以后在设计产品时一定要先站在客户的角度，自己都用不习惯怎么有资格推向市场呢？在这个问题上，我和大家也犯了同样的错误，希望我们一起纠正。”这段话不仅进行了自我批评，还督促团队养成良好的工作习惯，意在从根本上避免类似问题的发生。

我们常说的“上行下效”是很多管理者不敢正视的问题，他们总是要求下属自我批评，却将自己排除在外，结果带坏的是整个团队的工作风气，出现问题也在意料之中。所以，管理者的自我批评，一定要起到模范带头作用，做好团队的表率，才能将自我批评变为契机，让反省精神融入团队的文化和制度中，成为一种推动团队成员成长的精神动力，才能最终转化为生产力。

一个缺失自我批评精神的管理者，是下属的悲哀，也是团队的悲哀，只有养成敢于自曝短处的行为习惯，才能展示出作为管理者的务实、公正、严格的作风，才能确保团队和谐统一，帮助团队朝着更高层次升级。

8. 化解下属的抵抗情绪

管理者和下属无论怎样相处，都在客观上处于一种“对立”关系的状态中，这种对立会引发下属的抵抗情绪，又会导致管理者压制这种抵抗情绪，造成上下级之间离心离德，不利于团队向心力的凝聚。在团队的发展过程中，下属的抵抗更多地体现在管理者要求他们做出某种改变的时候。比如，让下属放弃之前的某些经验和既得利益，这是一件有难度的事情，但并不意味着完全不可行。

作为管理者来说，由于背负着业绩的压力，面对外界的竞争总是想方设法寻求各种对策。而要想让下属做出改变，就必须化解他们和管理者之间的对抗情绪，走进他们的内心，不能武断地认为下属不愿做出改变，要用话术探明原因，倾听他们的真实心声，才能有利于安排他们去完成任务。

一般认为，下属产生抗拒心理有四种不同的心理层次。第一个层次，信息不明确。对于团队的新决策，下属只是被告知要执行，但不知道决策的具体过程，也不知道为何要改变。对此，管理者应当在集体会议上做出说明，或者在向下属交代任务时简明描述都可以。第二个层次，情况陌生。下属对如何进行改变并不清楚，这是因为很多时候管理者仅仅是看到了问题，认为有改变的必要却没有想到具体的做法，所以要自己先思考清楚再发布命令，或者和下属共同讨论。第三个层次，心态不平。下属面对改变的首要情绪就是不安全感，因为他们要放弃自己曾经熟悉的一切，这时需要管理者适当进行安慰，而且要切身了解和体验改变之后的工作内容和工作环境。第四个层次，内心的不信任。由于过去的一些失败教训让下属抗拒改变，甚至悲观失望，这时就需要管理者谨慎决策，确保每一次改变的合理性和成功率，如果失败要勇于自我检讨，否则下属会越来越抗拒改变。

总之，下属的抗拒心理源自和管理者的心理距离，这种距离会让团队内部在命令传达、思想统一、观念融合等过程中造成严重的障碍，所以必须消除这种距离，激活下属的心力。

如何消除下属的抵抗心理，可以从七个不同的角度切入完成。

第一，消除成见。

从人性的角度看，下属对管理者怀有抗拒，这也是一种自然反应，是管理者和下属相互磨合的一个过程。美国有一家叫普里契特的管理顾问公司，曾经做出一份统计数据：只有20%的员工一开始就会全力支持改变，50%的员工持中立态度，另外30%的人对于改变非常抗拒。也就是说，下属抗拒改变是正常状态，并非每一个人都能全身心地投入改变，他们需要时间进行调整，也需要管理者的沟通和协助。

在日常沟通中，管理者要通过第三个人了解不肯改变的下属的真实想法，了解他们是否因为固执己见才产生了抵抗的情绪。在通过第三个人探明原因之后，管理者要马上找机会和下属沟通，可以心平气和地谈论自己过去坚持某种观点的原因，然后再谈自己会理解下属的苦衷，求得双方共同让步。

第二，消除下属的抗拒心理。

从另一个角度看，管理者不必将下属的抗拒看成是一种阻碍。面对下属的抗拒，管理者不必反复向下属强调改变的重要性，而是要仔细观察下属的反应，了解背后的原因，从根本上消解下属的抗拒心理，甚至要将下属的抗拒当成是增进沟通的一个契机。有时候下属抗拒，是因为管理者在某些方面没有做好，比如某个项目的任务分工出现了责任模糊的情况，下属为了维护自身的利益就不愿意全力付出，这时就需要管理者做出解释。

第三，明确责任关系。

很多时候，下属抗拒的不是改变，而是抗拒会带来的一系列变化。有些下属比较在意他们会受到何种影响，正如瑞士的一位管理学专家说，组织和个人之间本就存在既定的“个人契约”来界定彼此的权利义务，然而改变可能会破坏之前的承诺。因此，管理者必须学会站在下属的角度去看待改变：是不是下属做了更多的工作却得到同样的报酬？是不是下属的人际关系会更紧张？

第四，消除抗拒的公平需求。

管理者需要做的不仅仅是安抚情绪，更要解决实际问题，化解下属的顾虑。所以在面对下属的抗拒反应时，管理者要抓住问题的本质，不能只依靠情感手段去安抚下属，这样无疑偏离了问题的本源，下属需要的是解除心中的疑惑。由于管理者和下属存在着信息不对称的情况，有些信息或者事实只有管理者知道，下属一无所知，这种不公平会加深下属对改变的质疑。

根据心理学家的研究表明，人们更在意结果产生的过程而非结果本身，这是人性的一种基本需求，人们总渴望被看成是独立的个体对待，期望别人能尊重他们的感受和想法，所以决策产生过程的公平性很重要。管理者要达到这种公平，一是要向下属解释清楚“为什么”，另一个是倾听下属的意见，给予下属提出反对意见的权利和机会，不要搞一言堂，有了下属的参与，他们自然会接受改变。

第五，消除抗拒的具体目标。

管理者和下属沟通时不要总是将价值观放在嘴边，这样会给下属敷衍了事的感觉，要和他们谈论具体实施，因为下属真正想弄清的不是口号和愿景，而是他们该如何去做。只有当了解改变的具体目标之后，才会产生真实的概念，不要总是对下属说“我们要成为行业内第一”，而是“我们下个月要完成××指标”，这样下属才有了具体努力的方向。另外，管理者除了要表达对改变的期待之外还要有具体的作为。比如，当你认为和竞争对手相比你的下属拓展客户的能力较差，那么可以这样和下属沟通：“你们在公关客户的时候过于墨守成规，不注意从客户的生活细节出发，去他们的办公室就要看是否喜欢喝茶，有没有摆着家人的照片，是否有小孩子，这些都是日后争取客户的突破点。”这样的说法很具体，能够让下属认识到自己的不足，而不能用这样的说辞：“你们应当具备积极主动的态度，争取更多的新客户，增加更多新的客户。”

哈佛商学院的一位教授说：“如果员工不了解游戏规则，就不会有任何实际行动。”的确，在团队管理上，只有可预测性的信息才是最重要的，尤其是面对改变时，必须降低过程中的不确定性，才能让下属更容易接受。

第六，消除抗拒的事实。

管理者和下属谈论改变时，不要刻意隐瞒某个问题，要明确说明存在的困难，管理者有时只能看到改变的利却忽略了改变的弊，这就需要下属来提醒你，因为他们才是负责执行的人，对改变的操作过程深有体会。如果管理者为了让下属接受自己的想法而不谈论弊端，只能让下属越来越不信任你，甚至怀疑你的能力。

第七，化解抗拒的权力效应。

管理者也不要一味考虑下属的想法，要学会用自己的权力去影响下属，这并非是滥用权力强迫下属执行命令，而是管理者要坚持自己的判断，不能为了听取意见最后迷失方向，这样造成的失误往往比一意孤行更可怕。

很多时候，下属需要管理者在背后推动他们前进，他们也有一些问题处理不好。管理者要发挥这个作用，让下属产生改变的欲望和兴趣。当然，归根结底，改变本身不是最重要的，最重要的还是管理者和下属的沟通处于何种状态——是良性的还是恶性的。只有让下属站在团队、管理者的角度去看待问题，才能促使他们将心中的真实想法说出来，管理者才有机会说服他们接受改变，征服了下属的心，就能彻底消除他们的对抗情绪，实现团队的和谐发展。

Win Their Hearts, Before Calling It Your Team

第五章

把夸奖转化为团队生产力

当管理者的夸奖找到合适的切入点以后，就打通了为下属释放其长处的通道，也为其他下属提供了一条可供参考和借鉴的样本，在团队内部建立起互相学习、互相比拼的良性竞争氛围，最终增强团队的整体战斗力。

1. 赞美不是奉承，要讲究技巧

每一个下属都是团队中不可或缺的组成部分，即便存在着能力之差，他们也依然维系着团队这台生产机器的运转。现在很多企业进行内训课程培养人才之后，对团队成员的依赖性越来越大。招聘人才、培训人才和留住人才成为人力资源管理的三大核心问题。

不同的团队有不同的留住人才的方法，当然这主要取决于管理者的工作作风。不过相比之下，赞美下属并拉近和他们的心理距离是可行性最高的留人手段，毕竟只有带动人心才能带动他们的工作积极性，才能确保团队处于高速、稳定、和谐的运行状态，但是高明地赞美下属是一种技巧。

事实上，管理者对下属的赞美和下属赞美管理者的模式大同小异：下属要提防“拍马屁拍在马腿上”，管理者也要防止这种情况发生，切莫认为自己比下属地位高，就可以滥用赞美的方式和内容。不要忘了，管理者和下属始终处于微妙的职场关系中，不讲究方法的沟通可能适得其反，因为赞美不是阿谀逢迎，是一种满足对方心理需求的表达方式。

一般来说，管理者赞美下属要掌握六个技巧。

第一，公平赞美。

赞美并不是发奖金，为什么一定要公平？这是一种错误的认知，因为管理者对下属的赞美，代表着团队的是非观念，决定了其他人获得赞美的标准，一旦这个标准出现了偏颇，也就失去了本来的意义。很多管理者总是从个人好恶出发对下属进行赞美：关系近的赞美，性格像的赞美，有同样职场经历的赞美……反之就冷落，一旦管理者缺乏客观的赞美标准，甚至将集体参与的事情归功给某个下属，这样做的结果就是表扬了一个人，得罪了一伙人，是一种失败的沟通方式，只能激化团队的内部矛盾。

管理者身边有自己喜欢的下属是正常现象，但不能用歪曲赞美标准作为奖励手段，要掌握好分寸，做到一视同仁。从另一个角度来看，当管理者对某个下属的赞美偏心时，等于将该下属和其他团队成员对立起来，反而会破坏他的人际关系。

第二，及时赞美。

美国的福克斯公司刚成立的时候，需要一项重要的技术。一天夜里，一个科学家拿着一台能够解决这个问题的原型机跑到了总裁办公室，总裁发现这台机器正是公司需要的，为了奖励这位科学家，他把自己的办公桌翻了个底朝天，最后找到了一个香蕉递给了科学家作为奖品。从此以后，福克斯公司用“金香蕉”形的别针作为奖品，对贡献重大科学成就的员工进行奖励。从这个故事可以看出及时赞美的重要性，它意味着管理者对下属的奉献和付出是看在眼里、记在心上的，是一种典型的“带人心”的管理策略。

曾经有管理者提出“一分钟表扬术”这一概念，意思是当员工做对某事以后，上司应该立即进行表扬并指出他做对了什么，这样才能让下属感到上司对自己的关注，才能够和上司在同一条战线上分享成功的喜悦并继续努力。从这个角度来看，及时赞美的作用是让下属产生并保持良好的情绪。

第三，恰到好处的赞美。

赞美下属的时候要注意两个问题：一是不要引起其他下属的嫉恨，二是不要违反事实。第二点好理解，就是让管理者实事求是地赞美，关于第一点则需要通过适当的话术进行。比如，某个下属在公关客户的时候取得了成绩，管理者可以当众表扬他："这次拿下大客户，××立下了首功，给公司创造了机会，剩下的工作需要其他部门配合了，也希望你们再创业绩。"这种表达方式既赞美了下属又激励了其他人，就不会引起团队成员的嫉恨。但是，如果换一种说法就不妥了："这次拿下大客户，××立下了奇功，给公司创造了业绩翻番的机会，你们要感谢他给公司创造了利润。"毫无疑问，这种赞美只能将那位下属推向团队的对立面。

第四，走心的赞美。

无论管理者怎样把握赞美的技巧，都不能忽略一个前提：要从内心出发进行赞美。只有在赞美时表达出你的真诚，才能让下属感激、感动、感恩，才能让他们的心和团队牢牢地绑在一起，不走心的赞美只会让下属感到好笑。有些管理者习惯将"年轻有为""看好你哟"等公式化的赞美词汇挂在嘴边，配上一副似笑非笑的脸，就以为赞美了下属，其实下属心里不仅没有感动，反而打定主意不跟你混下去了。

从心理学的角度来看，人们渴望赞美是渴望被别人肯定自己的价值，这是对赞美的预期心理，换句话说，大多数人都清楚自己的价值在何处，如果对方的赞美没有肯定这个价值，他的内心一定是崩溃的。因此，管理者必须了解每个下属的工作状态，正确区分不同下属的闪光点，切忌使用不痛不痒的赞美方式。

一位老师曾经说过：“不要轻易赞美人！”这句话的深意就是：当学生没有做出特别成绩时就赞美他，很容易让他们对赞美产生了免疫力，当他们真正取得成绩之后，对赞美也就无感了。管理者也应该注意这个问题，要让下属感到赞美是真实和发自内心的。

第五，当着第三者赞美。

人都是有竞争心理的，特别是在团队中，当管理者在第三者面前赞美某个下属时，会激发第三者努力赶超这位下属的动力，是一种提高团队成员工作劲头的手段。另外，如果赞美只在管理者和下属之间发生，下属会认为是管理者在有意恭维和安慰自己，但如果有第三者在场，效果就会截然不同。下属会认为其中不掺杂虚伪的成分，能够从情感上接受。

在第三者面前赞美下属还有一个目的，就是创造出一种互相认同的工作氛围，统一团队的价值观，因为在不同的团队中价值观是不同的，比如有的公司崇尚加班，认为这是员工工作积极的表现；有的公司却不提倡加班，认为员工效率低下才把工作拖到下班之后……这些不同的价值观可以在不同的团队里出现，但在同一个团队中，就要树立一种被管理者认同的价值观。

第六，对下属进步的赞美。

有时候下属没有取得业绩，仅仅是和过去相比取得了一点进步，于是有些管理者就视而不见，其实越是这种情况越应该对下属赞美，因为你的赞美会推动下属获得更大的进步和成长。因为总有些下属认为，无论做什么上司都是看不到的，然而当你赞美了他们的微小进步时，就会打消这种想法，增强下属的工作热情，让他们为团队创造更大的价值。

作为管理者，应该时时刻刻准备赞美下属，为团队营造一个愉快、向上、活跃的工作氛围，让枯燥的工作变得趣味化，让功利的人际关系变得人情化，这样才能将团队有效地聚合在一起，因此管理者要注意自己的赞美方式。

有一句话叫作：“发现别人做对了事，比发现别人做错了事要更有意义。”管理者应当随时准备好赞美之词，重视对下属的精神鼓励，学会用恰当的话术“摄取人心”。当然，赞美是一门艺术，特别是要做到公正、及时、得体的赞美，更是一种沟通能力的展现，只有当下属认同你的赞美，才能证明你是一个合格的团队管理者，你才能在下属面前更好地树立威信，凝聚团队战斗力。

2. 用“专属名词”夸奖特定下属

大多数管理者都清楚夸奖对下属的激励作用，如果将夸奖归纳到企业管理的范畴中，那么它就是一种“零成本激励”——不用管理者拿出白花花的银子或者任何承诺。但是，越是零成本越需要借助技巧，也就是说在夸奖下属的过程中，要让他们认为夸奖不是管理者耍耍嘴皮子，要让他们感受到这个夸奖是为自己“量身定制”的，是管理者通过平时的观察发现了自己身上的长处才做出的夸奖。

换个角度来看，管理者要学会体验下属被夸奖时的心理：既然是零成本，那么上司肯定也常用这种方式夸奖别人。想让下属被零成本激励感化，就要让夸奖具有真实性。

通常，管理者夸奖下属应该达到四个目的：第一，激励下属增强信心和自尊心；第二，表扬下属积极工作的行为；第三，奖励下属的努力和成就；第四，帮助下属在内心燃烧动力和激情。通过这四个目的可以看出，管理者在夸奖下属时要对特定的下属使用特定的词汇，让下属知道他们在管理者眼中是不同的角色定位，这样才能对症下药起到激励作用，否则用万能句式去夸奖不同的人，只能叫隔靴搔痒。

每个团队中的成员都有不同的特点：有的性格沉稳，能坐得住板凳、耐得住寂寞；有的性格外向，擅长和别人打交道；有的追求完美，对产品有着苛刻的要求……这些不同的人组成了一个有机的战斗集体，几乎每一种性格和思维方式都有用武之地。反过来看，一个团队不可能聘用一群性格和行为接近的人，那样势必会造成一些岗位角色的定位失败。因此，管理者的夸奖要从这些不同的特征入手。一般来说，体现在这四个常见的情景中。

第一，请求下属帮助时。

正因为不同的下属有不同的长处，所以管理者需要具有这些长处的人来帮助自己。也只有在这种情景下，管理者才能让下属深刻地认识到他们自身的能力和价值，这是因为当管理者向下属求助的时候，会让管理者“高高在上”的角色形象被弱化，在下属潜意识中定位为一个弱者，自然就会乐于帮助。另外，当管理者向下属求助时，也是在表现对他们的尊重，表达出对下属的信任和器重。

在向下属求助时，管理者要让求助的内容和下属的工作职责不发生太大的联系，让下属明白这是管理者和他们私下的交互关系。比如，管理者需要一个懂设计的下属帮助自己的孩子设计一本台历时，可以这样说：“我想要给我女儿做一本记录成长的台历，你在咱们公司是对色彩最敏感、最有见解的设计师，所以想求你帮忙。”在这句话中，重点就是“对色彩最敏感、最有见解”，这不是对所有设计师的概括，而是针对该名下属，这个专有名词从侧面肯定了这位下属在设计领域的与众不同之处，具有强烈的真实感。

第二，询问下属观点时。

询问观点也是让管理者弱化自身的角色形象，让彼此暂时处于一种平级的虚拟状态中，从而打消下属的某些顾虑。同样，询问的内容也要和下属的工作职责不发生关系，否则会让下属本能地回绝。打个比方，管理者询问下属观点时不要使用“对于提高工作效率，你有什么想法？”这类的提问方式，而是要借用其他途径来展示下属在某些方面的见解或者技能。

比如，管理者询问一位职场经验丰富的下属时，可以这样说：“我对你的组织能力一直很欣赏，有时候我真想克隆一个你，因为你的人心操控气场太强大了。好了，不开玩笑了，我想问问你，如果我组织一次同学会，流程怎么安排才合理呢？”这种话术同样使用了专有名词来夸奖下属——“你的人心操控气场太强大了”，这是管理者夸奖其他下属时没有使用过的，所以被夸奖的下属就会感受到管理者对自己的能力认同。有了这样的开场，下属当然愿意为管理者的私事献计献策，无形中拉近了两个人的距离。这时，管理者再追加几句夸奖效果会更好，有助于挖掘下属的潜在技能。

第三，对下属非正式授权时。

所谓非正式授权，就是临时性地给予下属在某方面的权力，而不是常规性、长期性的。比如，在和客户对接的过程中临时出现了问题，其他人都在忙着赶工期，这时候需要抽调出一部分人手去处理此事，那么管理者就可以找到一个有经验的下属临时带队，可以这样说：“现在客户那边需要我们一个有经验的老员工去沟通，我忙着监督产品推广这块，想来想去只有你具备洞察客户内心的能力，那就由你来暂时组建一支小分队，你看怎么样？”这样的话术避开了和客户沟通的压力，同时还强调了下属“洞察客户内心”的能力，正面肯定了下属的过人之处，下属自然愿意接受。反过来，如果管理者不注意沟通的方式，而是这样说："我现在真是顾不上客户这边，但是咱们又出了一个大问题，如果解决不好可能会流失客户。你能不能找几个人帮我处理一下？"这种话术既没有指出为何找该名下属，又把不能完成任务的后果说得如此严重，那么下属怎么可能愿意接受任务呢？要想下属最大限度地发挥他们的个人能力，就要在夸奖中明确指出他们的过人之处，这样才能给予他们完成任务的信心和动力。

第四，与下属合作时。

管理者和下属之间原本就是不平等的，所以要夸奖下属，证明他们的能力被管理者认可，不妨采用双方合作的形式。所谓双方合作，不是说"管理者指挥+下属干活"的模式，而是管理者和下属都参与到项目中。比如，公司遇到了一个紧急的策划方案，需要第二天就做出来，如果管理者是文案出身，就可以留在加班团队中，帮助文案团队完成一部分的工作量，那么在大家一起工作时，管理者可以借机对某个文案人员说："我很多年不做文案工作了，但是这次跟你搭班合作，发现你领悟能力很强，对客户的要求一点就透。"这句话中再次用专有名词夸奖下属的某项长处，又是管理者站在"工作伙伴"的角度，增强了可信性，也给予下属继续努力工作的热情。另外，管理者偶尔参与到团队的具体事务中，也能够更全面、充分地了解下属，弱化彼此对立的潜在关系。

归根结底，管理者采用零成本激励下属的套路是可取的，但必须明确一点：一个套路如果人人都会使用就不能称之为套路，或者说人们对这个套路还存在着很大的误解。很多管理者以为口头随便表扬几句，就能让下属死心塌地地跟着自己，这是一种想当然。其实下属需要的不仅仅是夸奖，而是忽视等级差别、共同协作的愿望以及被管理者发现自身长处的表现欲，管理者如果不能通过夸奖来满足下属的这一系列需求，夸奖就会失去意义。

3. 背后赞美能让下属鼓足干劲

俗话说：闲时莫论是非，背后不说人长短。众所周知，背后议论别人是一件不光彩的事情，不过如果是背后夸奖别人，反而能起到润滑人际关系的作用。在团队中，当管理者想要和下属保持良好关系时，可以尝试在背后夸奖对方，如果下属能听到你的背后赞美，会觉得这是你发自内心的赞美而非具有其他的功利性目的，就会发自内心地对你产生亲近感，哪怕是之前有过一些小的过节儿，也能被弱化甚至消除。一句话总结：赞美的力量是无穷大的，背后赞美的力量超过无穷大。

德国“铁血宰相”俾斯麦，是一个作风彪悍的人物，经常给自己树敌。俾斯麦的一个下属很不喜欢他的政治作风，总是对他充满敌意。俾斯麦为了赢得这个下属的支持，就经常在别人面前夸奖他，但是当面却只字不提，最终这个下属得知了宰相背地褒扬自己的事情，对他的敌视态度弱化了很多，两个人最终成为关系密切的政治盟友。

《红楼梦》中有一段故事，是史湘云、薛宝钗两个人劝贾宝玉做官，贾宝玉对此非常反感，就当着她们的面夸奖林黛玉：“林姑娘从来没有说过这些混账话！要是她说这些混账话，我早和她生分了。”也是机缘凑巧，贾宝玉说这话时林黛玉刚好从窗外经过，听到了对她的这番赞美，顿时很高兴，对贾宝玉的感情进一步增加。

站在林黛玉的角度来看，贾宝玉在三个女人当中仅仅赞美了自己，而且是没有当着自己的面，这足以证明贾宝玉是真心实意地赞美她；反过来，如果贾宝玉当着林黛玉的面说这番话，那么生性多疑的林黛玉不仅不会相信，反而会认为贾宝玉是一个口蜜腹剑的伪君子。

在一个团队中，不同的下属各有所长，管理者应当精准定位他们的长处，寻找合适的机会进行赞美，这样才能让下属进一步提高自身的技能。对于下属来说，管理者越早发现自己的优点，就越容易产生“千里马遇到伯乐”的感觉，对管理者的认同感和亲近感就会增加，和团队的黏着感也会加强。

为了达到这个目的，管理者只能采用背后赞美的手段。因为很多时候，当面赞美反而会让下属感到尴尬甚至难堪，因为这等于是将他们放在聚光灯下，客观上承认了他们在某方面比其他同事要强，下属会产生焦虑和恐慌，担心被其他人嫉恨。背后赞美往往可以规避这个问题，管理者当着其他下属的面夸奖不在场的下属，不会给他们造成压力，因为大家会认为管理者并非有意突出被表扬的下属，更像是发自内心，更容易接受和认可，产生向被表扬下属学习的念头。

有些管理者担心，背后赞美会做“无用功”——下属可能听不到。这种担心有一定道理，这就需要管理者掌握背后赞美的话术技巧。

第一，不要当着下属的敌对关系或利益关系的人面前夸奖。

同在一个团队，同事之间难免存在利益纷争，也难免发生一些恩怨矛盾，身为管理者要清楚下属之间的亲疏关系，夸奖某个下属时一定要让和他关系好的人听到，这样才可能传到下属的耳朵里；如果当着关系一般甚至关系很差的人面前，赞美之词不仅不会传出去，甚至可能会被断章取义地歪曲为贬低的话，产生适得其反的效果。

第二，不要在正式场合夸奖下属。

背后赞美要体现出“自然而然”的意味，而不能带有其他功利性，比如将被赞美的下属当成团队的典型去夸奖，这样不仅会减弱被夸奖下属对你的好感，也会增加其他下属的反感。举个简单的例子，在我们上学时老师经常将一些好学生当成榜样让大家学习，家长也会将“你看××学习那么好，你怎么就比不上人家呢？”挂在嘴边，事实上我们对这类榜样是非常反感的，即使会激励我们学习和赶超他们，也不会因此感谢这些榜样，这是人性的基本特点。因此，管理者赞美下属要尽量在非正式场合，比如吃饭时、闲聊时、外出时，这样就不会让其他下属感觉到你是刻意而为，也能起到帮你传话的作用。

第三，不要在下属获得奖励前后进行夸奖。

下属们普遍关心的一个问题就是，谁是管理者身边的“红人”？一旦他们锁定了一个目标，就会分化出两种截然相反的态度：要么会极力拉近和“红人”的关系，借助“红人”之力攫取更大的利益；要么会有意保持和“红人”的距离，担心言多有失被管理者听到。无论是哪一种态度，都对团队的人际关系不利，所以管理者要避免将某个下属打造成“红人”，这就需要在背后赞美下属时注意一点：不要给其他人产生暗示的感觉。

比如，管理者背后赞美某个下属，没过多久该下属就得了几千块的提成，那么下属会认为管理者在发出暗示，甚至会质疑管理者背后赞美的真正动机。再如，当某个下属刚刚获得奖励之后，管理者背后进行赞美，会让其他人产生“后知后觉”之感：××得到奖励是BOSS早就内定好的吧？无论是哪一种情况，都会偏离背后赞美下属的初衷。所以管理者在夸奖下属时，要避开这样敏感的时间节点，将夸奖穿插在日常工作当中。

当管理者背后赞美下属时，会让对方感觉到你的诚意和胸怀，特别是对那种私交一般的下属，背后赞美的意义就更加重大。背后赞美下属是一种巧妙的驭人之术，能够让人觉得真实可信。有些时候，当某个下属犯了错误时，管理者不妨转换一下思路：与其当面批评对方不如背后小小赞美一下，这样反而会促使下属检讨自己，对管理者产生更高的服从性和认同性，有利于统一团队成员的价值观。

在日常工作中，管理者不仅可以采用背后赞美的方式改变下属对自己的看法，也能够通过这种手段改变某个事件对管理者的影响。比如管理者想要下属快速成长，最好的方式就是在别的下属面前赞美他，这样会让该下属产生一种使命感和责任感，会更加积极主动地工作，衍生出强烈的被认同的渴望，心甘情愿地追随管理者并对团队产生归属感。

4. 表扬要有激励性

美国著名管理学专家斯蒂芬·罗宾斯曾经介绍过一项调查：在来自不同岗位的1500名调查对象中，询问他们什么才是最好的职场激励因素，得到的回复竟然是相同的——认可。

在另外一项研究中也证明，下属认为管理者对自己的工作业绩所表达的谢意是最好的激励，然而研究对象中的58%的上司并没有对他们的工作表示过任何感谢。

无独有偶，著名的激励专家艾德里安·高斯蒂克和切斯特·埃尔顿在他们的畅销书中也介绍过一个类似的调查：在“影响员工敬业度因素”的问题上，人们都将“夸奖”排在工资之前，然而在这些调查对象的上司中，竟然有74%的管理者从来不夸奖自己的下属。

既然夸奖对下属的激励作用这么大，又是一种“零成本”的激励方式，那么为何这么多管理者不愿意夸奖下属呢？其实，大多数人不是不愿意夸奖，而是不知道如何夸奖。有的管理者也曾经多次夸奖下属，然而没有产生任何效果，因此就懒得夸奖了。事实上，夸奖是管理者和下属的沟通话术中最具技巧性的交流之一，并不像很多人以为的那么简单易行，一般来说，需要遵循六条原则。

第一，在公开场合夸奖要注意别得罪其他人。

上一节我们提出了背后赞美的作用，但这并不是否定当面夸奖的意义，有的时候也需要管理者当着团队成员的面去夸奖某个下属，但要注意，不要在夸奖的同时批评其他人。比如，有些管理者喜欢说这样的话："××的业务能力相当强，比团队的很多人都更优秀，你们一定要向他学习。"这种公开场合的一扬一贬，不仅无法起到夸奖下属的作用，反而会给下属和管理者自己结下仇恨，引起其他下属的不满，从而给被夸奖对象带来不必要的麻烦，对整个团队的人际关系也会带来消极的影响。

正确的夸奖方式是，既要表扬一个人，又要强调个人和团队的关系以及团队成员的集体价值。比如，管理者可以换一种方式说："××的业务能力很出色，除了他个人的努力之外，也和大家的帮助分不开，我们是一个战斗的集体，只有齐心协力才能创造更大的价值，才能实现我们自身的价值。"这样的话术就规避了"××比多数人强"的潜在观点，强调了团队协作的重要性，就不会引起某些下属的不满。管理者始终要记住，团队不是某个人的，更不是管理者自己的，集体智慧和团队力量才是管理者关注的重点，要确立"通过表扬事去表扬人"的夸奖方式，或者是"通过表扬团队来突出个人"，总之，不能割裂团队和个人的从属关系和主次地位。

第二，正式表扬前先私下表扬。

由于要考虑到表扬个人对其他人的心理影响，所以当管理者在公开场合表扬某个下属时，为了照顾大局只能弱化一些表扬的关键词以及物质奖励。但是，当一个下属取得的成绩比较突出时，点到为止的夸奖是无法满足他们内心需求的，也是一种不公平。所以两全其美的办法就是在公开表扬下属之前，先通过私聊的方式表扬对方。这样既能减轻其他下属的心理压力，也能展现出管理者对有贡献的下属的重视程度。需要注意的是，即使公开表扬下属，也最好事先进行一番铺垫，给大家一定的心理准备："我们这一阶段业绩环比有了很大突破，这和一些优秀员工的努力是分不开的。"话说到此处可以戛然而止，让大家心里有数，然后再找机会指名道姓地表扬。通过这种铺垫，能够让团队在认识上形成初步共识，从而减少一些负面情绪的出现。

第三，表扬要淋漓尽致，不要产生误会。

有的管理者在表扬下属的时候喜欢将一些过错也提出来，这并非完全不可取，我们之前也提到过"批评+表扬"的沟通方式，但是要掌握火候，不能让批评的内容占据过高的比例，让下属误以为表扬是假，批斗才是真，这就背离了表扬的初衷，而且按照常理，下属对上司的批评反而记得更清楚，所以管理者要表扬下属必须彻底和通透。比如，可以这样对下属说："这个项目你立下了汗马功劳，为公司下阶段的业务拓展打响了第一枪，公司不会亏待像你这样的员工，不过希望在下阶段的工作中你能减少出错率，给公司带来更好的业绩。"这种话术大部分以表扬为主，结尾稍微暗示了一下"存在出错率"的客观事实，但是也指出这样做是为了"给公司带来更好的业绩"，下属听了就会明白管理者的用意并非是指责自己，而是希望自己变得更完美。

第四，表扬之前需要策划。

从表面上看，表扬不需要什么逻辑或者公式，你可以公开表扬，也可以私下表扬，你可以表扬团队，也可以表扬个人，但最好在表扬之前研究一下表扬对象的特点。比如，某个下属虽然业务能力出色，却是一个容易情绪化、不服管的角色，那就要先批评再表扬，挫一挫对方的锐气，再对他的能力进行肯定，这样的表扬效果更好。再比如，对那些爱贪小便宜的下属，可以通过赠送一张电影票、一张购物券的方式配合着进行表扬，这样更容易让对方接受，也能“低成本”地收买人心。

第五， 不要做作地表扬下属。

一些管理者表扬下属时，总是采用“有事过来说”的方式，让旁观者认为被表扬者是犯了错误才被叫到办公室的。虽然这是私下表扬的一种常见方式，但并不是唯一方式，管理者可以放开思维：当你和下属在路上偶遇时，当你和下属在食堂用餐时，都可以趁机进行表扬，而且最好的方式是在闲聊中插入夸奖的话语，这样会显得更加真实可信，也能增强管理者自身的人格魅力，弱化上下级的对立关系。如果是同性的下属，还可以增加一些拍肩膀的肢体语言拉近关系。通常，下属对这样的表扬会长时间地记在心里，最后转化为工作动力，为团队做出贡献。

第六，表扬下属要契合对方的内心。

表扬的最高境界是随心所欲，但这不是说任性地表扬下属，而是要追随下属的心境，这样才能让表扬的效果得到强化，换句话说，下属想用什么方式表扬，管理者就要学会投其所好。比如，一个下属工作态度十分积极，但是在团队中的存在感不是很强，那么管理者要尽量在公开场合表扬他，给予他更高的工作热情和职业尊严。如果一个下属远离家乡来到团队中打拼，可以找机会在他家人面前表扬他，这样就能安抚下属一门心思工作，打消他们漂泊不定的顾虑。

管理者永远要牢记一点：人才是团队最宝贵的资产，只有管理好你的下属，才能提高团队创业和守业的成功率，而管理下属最核心的一点就是正确地激励他们，只要运用得当，就能挖掘出下属的潜在能力，也能为管理者聚集更多忠诚、有能力的追随者。

5. 真诚的夸奖才能带动人心

洛克菲勒曾说过一段话："要想充分发挥员工的才能，方法是赞美和鼓励。一个成功的领导者，应当学会如何真诚地去赞美他人，诱导他们去工作。我总是深恶挑别人的错，而从不吝惜说他人的好处。事实也证明，企业的任何一项成就，都是在被嘉奖的气氛下取得的。"

管理者要想让下属做他应该做的事情，最好的办法就是让他认为这件事是他自己想做的，要想达到这个效果需要真诚的赞美。

洛克菲勒的成功原因，很大程度上和他对身边人的真诚赞美有关。一次，洛克菲勒的一个合作伙伴在南美的生意上蒙受了一百万美元的损失，洛克菲勒非但没有怪罪他，反而说他能保住60%已经不容易了。结果这句话让合作伙伴十分感动，在两个人的下一次合作中，合作伙伴为洛克菲勒赚到了更高的利润，挽回上一次的损失。

本来是一次严重的失误，然而洛克菲勒不仅没有责怪合作方，反而对其进行了真诚的赞扬，最终还是维护了自己的利益。究其原因，是洛克菲勒了解了对方的内心情感——愧疚和懊恼。在此基础之上，洛克菲勒又给对方创造了挽回失败和颜面的机会，对方自然对他感恩戴德，这就是典型的带动人心的作用。

很多心理实验证明，赞美能够强化人的行为，是管理者激励下属的有效手段之一。那么，为何赞美会产生如此强大的力量呢？美国心理学家曾做过一个测试。专家们先是设计了一种能够测量疲劳程度的能量测定仪，然后给一些疲惫的孩子赞美，能量测定仪的指数就急速上升，反之则会下降，可见赞美和人的潜能是呈正比关系。

尽管赞美所产生的效力目前没有明确的研究结果，但它的确是真实存在的。从情感培养的角度看，真诚的赞美能够让下属保持在愉快积极的状态中，而人类最基本的情感需求是被尊重和肯定，特别是在真刀真枪、极易受伤的职场上。

现在有一种观点是，在企业管理阶层拥有实权的人，往往是最擅长控制他人的人。但是随着时代的变化，如今单纯依靠智谋的管理已经不再成为主流，情商制胜反而成为市场竞争和人才管理的新战术。然而有一些企业的管理者却认为，了解下属的感受是很荒谬的行为，会影响企业目标的达成，要想控制下属就要保持一定的距离，这样才能维系管理者的威信。

事实上，但凡是具有人格魅力的管理者，除了自身具备的智商因素之外，还包括能够影响他人情绪的人际情商。一个能够做出人性化决策的管理者才能让决策被更好地执行。所谓的人际情商，通过管理者如何赞美下属就能体现出来。有的管理者赞美下属让人觉得很虚伪做作，有的管理者却能做到自然真实，这其实是由不同的话术决定的。

第一，真诚的赞美要有分寸。

在职场上拼搏的人，绝大部分的分辨力都不差，虚假的赞美很容易被识破，无法维护管理者的威信。那么，这个分寸应该如何把握呢？比如，当管理者想要赞美一个技术人员的才干时，要从事实出发，不能泛泛而谈，不能说：“你的技术在咱们公司首屈一指，行业内你认第二没人敢认第一。”类似这种夸大其词的话不仅听起来毫无诚意和真实感，甚至还容易被误解为是反讽。所以，正确的赞美话术应该是：“最近一年里，公司多亏你的技术支持，让咱们的产品连续过关，争取了不少客户，希望你再接再厉，力争成为专业领域的王牌。” 这种赞美方式没有盲目扩大到“行业内” “国内”这种脱离现实的层次，只是在公司内部，而且是“最近一年”，描述的都是符合实际情况的内容，被赞美的下属就能感觉到这是真诚的赞美。

第二，真诚的赞美要具体。

下属取得了哪些成绩，在他们心里是有数的，如果你的赞美没有提及他们最满意的一项成就和业绩，这种赞美就等于做了无用功。因此，管理者一定要用具体的案例去赞美对方，不能采用这种话术：“你的才能大家有目共睹，希望能把你的这些优势继续发挥出来，供大家学习和参考。”这句话里虽然提到了才能，却没有提到是什么样的才能，用在任何一个人身上都没有逻辑错误，下属当然不会领情。正确的说法应该是：“咱们上次那个产品修改方案，多亏你及时发现了参数有误，用最简单的办法进行修正，减少了返工的损失，在这件事情上你首功一件。”这种赞美就事论事，被赞美的下属也不会觉得虚假，而且还意识到自己的工作被上司记在心里。只有针对下属在特定工作中做出的成绩进行赞美，才能起到激励他们继续努力工作的作用。

第三，真诚的赞美要有持续性。

我们提倡管理者进行真诚的赞美有两个目的：一个是激励下属认

真工作，另一个是体现管理者的领导者风范。因此需要注意一个问题：如果管理者只是在特定的几个时间内对下属进行真诚的赞美，那么下属难免会认为这种赞美是带有目的性，并非是管理者人际情商的流露。所以，管理者要养成赞美下属的行为习惯，而且要面向全体，这样才不会让大家对你产生偏见或者误解，才能起到激励整个团队士气的作用。

第四，真诚的赞美要着眼于“努力”。

有些管理者也懂得赞美下属，却不知道该如何赞美，经常对下属说“你真聪明”“你在这方面确实有天赋”之类的话，表面上看的确是赞美了下属，但仔细一想会发现，这些所谓的聪明和天赋，只是下属与生俱来就有的，无论他是否努力工作都具有这些优势，甚至会给人一种感觉：你的成绩跟你的努力无关，仅仅是你聪明而已。事实上，下属需要的是对自己努力付出的肯定，而不是简单的“智商评估报告”。身为管理者，应当多赞美下属在背后的辛勤付出，比如：“这个项目全靠你加班加点完成，牺牲了很多休息时间，真是太辛苦了。”采用这种话术既能让下属的努力付出被人看到，同时也在宣扬“获得成绩就要努力付出”的职场观，而不是“你聪明才能获得业绩”，有利于团队的思想统一。

第五，真诚的赞美要聚焦在品德。

有些管理者也懂得夸奖下属的努力付出，但除此之外再没有其他的赞美了。其实，下属最需要的是对个人品格的肯定，这也是人和人差别最大、最能突出人性光辉的东西。即便站在企业的角度来看，一个品德高尚的员工的价值也高于一个能力出色但品德败坏的员工。所以管理者在赞美下属时，不能忘记对他们个人品德的肯定。比如，可以这样说：“这个案子全靠你吃透了客户的心理诉求才搞定的，这是你业务能力强的体现，但是也能看出来，你一直认真倾听客户的表述，这种可贵的耐心是很多人不具备的。”这种赞美加入了对品德的肯定，自然会让下属听了之后更受感动，以后工作的劲头也会更足。

第六，真诚的赞美要主动。

有些管理者在下属取得成绩之后，没有第一时间表示祝贺，或者是因为太忙忘记了，或者因为原本就没放在心上，等到事情过去一段时间后才提起夸奖两句，然而效果已经大大弱化了。下属最需要得到赞美的时刻是他们刚获得业绩的时刻，如果管理者能第一时间主动祝贺并夸奖他们，会让下属铭记很长时间，而这种“急切的赞美”更能体现出管理者的爱才之心，也能让整个团队的工作氛围变得更加积极向上。

很多企业中，员工经常被管理者批评，甚至成了家常便饭，这会极大地损害他们的工作积极性，最终给团队的业绩增长带来阻碍。身为管理者绝不能吝啬赞美之词，更要体现出真诚的态度，当你有意识地去赞美下属的努力、品德和业绩时，这种细节上的用心会被下属感受到，他们会用真心来回应你的真心，这样才能让赞美发挥出正能量，培养并塑造出一支积极进取的团队。

6. 对老下属要用“请教式”夸奖法

融洽的上下级关系是团队工作顺利进行的保障，身为管理者不仅要懂得拉近和新下属的关系，更需要维系和老下属的关系。因为老下属是团队的重要力量，只有和他们维持正常的沟通状态，才能赢得他们的尊重和信赖。不过，老下属由于职场经验丰富，在团队中具有一定的贡献，难免会有种功高盖主的感觉，想要用对待新人的方式对待他们具有一定的难度，对待他们，最佳的沟通方式就是请教式的夸奖。

请教式的夸奖，就是通过向老下属咨询问题时对他们进行夸奖，这种夸奖的重点不在于管理者有什么收获，而在于通过这种方式对老下属进行鼓励。

老下属是团队发展的宝贵财富，他们具有丰富的工作经验和高超的专业技能，为团队的发展做出了贡献。但是一些老下属随着年龄的增长和家庭负担的加重，可能存在着在工作中表现不够积极的情况，他们可能会偶尔逃避困难，出了问题相互推诿，产生了一定的负能量，这就需要对他们进行鼓励，提醒他们作为团队中坚力量的责任。一般来说，老下属主要分为五种类型，其中有三种类型具有明显的“副作用”，对年轻下属会产生一定的消极影响，这也是管理者需要进行重点沟通的对象。

第一种，责任心和专业技能都非常出色，也具有工作热情，在工作中独当一面。

这一类老下属应当通过会议或者报告的形式进行部门内的表彰，结合他们的实际工作案例为大家树立榜样。其实对待这种下属，只要保持和他们的和谐关系，让他们在自己擅长的领域中担任骨干力量，就能赢得他们的支持和尊重。但是，如果没有知人善用，让能力不如他们的人领导他们，这些老下属很可能迅速“反水”，造成团队的震荡。

第二种，专业技能较强但是工作热情一般，自己分内的事情能够处理妥当。

对于这类老下属，需要跟他们一起分析工作现状和团队的任务，增加其集体荣誉感和危机感，因为这种老下属是那种被动工作型，他们只关心自己分内的工作，一般情况下也不喜欢主动帮助别人或者与别人合作，所以管理者要通过请教式的夸奖激发他们的工作积极性。比如，某个老下属十分了解大客户的企业文化，可以让他们在团队内部开设小范围的业务知识讲座，通过让新下属向老下属提问的方式分享经验。这些老下属会在新人的请教之下愿意讲出他们多年的经验积累。同时，管理者也可以真诚地提问，强化老下属对自身能力的认同，促进他们主动地和团队合作，提携新人。

第三种，专业技能出色但工作积极性不高，办事比较懒散，缺乏团队合作精神。

这种老下属是对于职场前途没有什么要求的人，说得直白些就是想混日子，能过一天是一天，身为管理者应当激发他们的工作热情，可以考虑给他们安排一些带领新人的工作，但不是那种知识经验分享的工作，而是直接参与到某个项目中，通过高额度的提成和奖金来刺激他们的积极性。更重要的是要用请教式的夸奖让他们接受任务。比如，可以这样说："这次成立的新项目组，想让你这个大拿来传帮带，因为有你在会给大家创造更多的物质回报。"采用这种沟通方式能够让老下属看到自己的"经济价值"，自然就有了一定的积极性。

对于第三类老下属，管理者还要挖掘造成他这种消极工作状态的深层次原因是什么。曾经有老下属找到管理者谈话，说自己工作了好几年，在部门里却没有晋升的机会，要求转到其他部门工作，后来经过管理者的询问才发现是老下属不能接受部门领导比自己资历还浅的事实，所以存在着对抗情绪。管理者马上和老下属这样讲："你虽然没有当上部门负责人，但是你的经验和能力在团队中首屈一指，我们这些当领导的也需要你的指点才能不犯错误，我们会通过提高待遇的方式让你安心。"用这种物质补偿精神的办法，也能够消除老下属的负面情绪。

第四种，专业技能一般，缺乏学习和合作精神，沟通能力也不强。

面对这一类下属，需要管理者结合他们历年年度绩效评估的情况，对他提出明确要求和工作目标，暗示他们要在一定的时间内完成任务，给他们一定的精神压力，但是也要采用请教式的夸奖手段。比如，可以这样说："你来到公司也不是一天两天了，各方面的业务情况都比较了解，新人有不懂的可能要麻烦你进行指导，这一点我们都看在眼里记在心上。"

因为这种老下属对团队没有实质性的贡献，所以只能给予口头上的奖励，让他们保持基本的工作热情，别给新员工带来负面影响就好。当然，如果他们实在不思悔改的话，也只能考虑换人了。

第五种，年龄较大，身体状况欠佳，负面情绪较多，经常逃避工作。

这类下属，要在人文关怀的同时对他们进行压力暗示，让他们产生危机感，这样才能扭转和改善他们的工作状态。比如，可以暗示团队正在招兵买马，准备大批量地起用新人，同时也可以这样说："虽然新人工作干劲更足，但是从个人角度来看，我还是喜欢咱们这些老员工，我也不希望都被换掉，所以期待你们拿出真正的实力。"利用这种话术，既能够给老下属危机感，同时也在情感上保留了面子，至于何去何从就要看他们如何取舍了。

解决老下属的问题，是很多团队管理者头疼的问题，不过对于老下属要具体问题具体分析，通过具有针对性的沟通方式才能增强他们和同事以及整个团队的凝聚力，才能推动他们创造出更大的价值。而且，除了要进行请教式的夸奖之外，还要多和老下属进行一些开放性的提问，了解他们的内心诉求，多注意倾听他们的表达并做出相关回应。

归根结底，老下属是否愿意继续为团队做贡献，在于他们是否重视贡献本身，所以管理者在和他们沟通时，要不断帮助他们重建荣誉感和责任心，这样才能让老下属焕发出勃勃的新生机。

7. 夸奖下属要注意分寸

美国管理学会主席劳伦斯·爱帕雷说过一句话：“管理不是管物，而是开发人才。一个领导人的责任就是培养员工，帮助他们发展才能。”一个优秀的管理者，不仅要会主动夸奖下属，还应当掌握夸奖下属的分寸。

管理者对下属的赞美主要是对他们的工作进行肯定和认可，是调节彼此关系的润滑剂，但要有一个前提，就是掌握好分寸，别让赞美成为一种“浮夸”，让下属错误地认为自己已经很优秀了甚至很完美了；或者明明没有什么突出之处，管理者却表达出赞美，让其他下属觉得莫名其妙，从而颠倒整个团队的价值观，破坏人际关系和谐。因此，管理者要做到“铁证如山”地夸奖，要让被夸奖的下属感到真实，同时也要让其他下属无话可说、心服口服，这才是夸奖的真正意义所在。

首先，管理者需要以事实作为依据和基础；其次要保证信息的来源真实可信，不能一叶障目，仅仅听了某一个下属的一面之词就去夸奖，要给每一个下属正确的定位。如何掌握好分寸，需要注意四点内容。

第一，对缺点明显的下属要公正。

团队中的每个成员都有各自的差异，正如十个手指伸开不是一般长的道理。只不过有的下属缺点比较明显，比如工作能力差、人际关系差、不太会和上级沟通等，通常具备这些缺点的下属很容易让管理者讨厌，就会造成一些管理者先入为主，对他们存在着误解和偏见，乃至于对这类下属的默默无闻视而不见，甚至当下属已经成长了，克服了一些缺点之后，仍然带着老眼光去看待对方，不去夸奖他们的进步，认为成绩已经被他们的缺点“中和”了。

事实上，缺点明显的下属更需要夸奖，因为夸奖是一种力量，能够督促下属不断改进自己，同时也能对他们的微小进步进行鼓励，管理者如果戴着有色眼镜看人，就会让这类下属失去进步的动力和空间，会将原本并不严重的问题激化。而且在大多数人心中，管理者夸奖的下属都是缺点较少、优点突出的人，所以当某个下属得到管理者的夸奖之后，会不由自主地改进自身的缺点，力求成为更完美的人。从这个角度来看，越是缺点多的下属越应当通过这种方式加速他们的成长。

在具体沟通的时候，管理者可以这样赞美缺点明显的下属：“××近期的表现刷新了我之前对他的认识，虽然他和我们团队中的一部分优秀分子存在差距，但是他已经在逐步改变自己，这个差距也会越来越小，对于这种自主反省和自主进步的精神，值得我们学习。”用这种表达方式，既不会让夸奖的味道太过强烈，也给予了被夸奖下属继续改造和完善自我的动力。

第二，对优点明显的下属要公正。

和上面提到的问题相反，有的管理者对优点十分突出的下属也不愿夸奖，一种心理是出于嫉妒，担心这些能力强的下属有一天会取代自己的位置，或者是另立山头，成为竞争对手；还有一种心理就是担心夸奖下属之后会让他们自我膨胀，产生功高盖主的感觉。这两种心态都是不健康的，也是对这一类下属的不公正待遇，其结果往往是事与愿违：下属得不到上级的认可，会认为团队埋没了自己的才能，可能会产生跳槽的念头；或者会对管理者心生抱怨——既然得不到重视，为什么还要积极工作？无论是哪一种反应，都对团队发展不利。

赞扬这些优点突出的下属，管理者应更多地选择在公共场合。一是大家都比较服气，二是能发挥榜样的作用，三是能让被夸奖下属感受到管理者的诚意。正确的话术应当是：“××在产品设计上已经为团队贡献了很大力量，我相信在他的影响下，我们当中还会有更多的人成为这方面的专家，大家用掌声鼓励他，也鼓励一下你们自己。”通过这种话术方式能够将榜样、团队和全体成员紧密地结合在一起，避免过分突出。

第三，对私人关系不好的下属要摒弃前嫌。

团队里总会有一类下属，他们喜欢直言不讳，无论是面对同事还是上级和客户，都会偶尔耍脾气甚至发生争吵。对于这类下属，管理者要先学会甄别：有的只是急性子、脾气暴，但出发点都是为了工作；有的是不爱吃亏，脑子里缺少一根弦，情商太低。对于第二种下属，管理者要耐心地批评和教育，实在改不掉的就要考虑调离重要岗位或者开除。对于第一种，想让他们彻底改变性格几乎是不可能的，而且正因为他们重视工作才会引发矛盾，所以要学会理性地包容对方，而不能因为曾经顶撞过你而心生怨恨。

当这一类下属取得成绩之后，有些管理者不愿意夸奖他们，因为他们觉得这是在向对方示好甚至是“服软”，有损管理者的威严。其实大可不必如此，团队中的成员获得成绩，每一个人都是受益者，甚至可以说管理者是最大的受益者，因此要不计前嫌地夸奖他们。比如，可以这样说：“××这次帮助我们拿下了三个大订单，这是他平时积累的能力带来的成绩，并不是单纯的幸运，虽然他脾气比较耿直，跟你们当中的一些人甚至包括我都发生过争执，但都是为了工作，所以大家要理性对待，继续保持合作，最终受益的是我们全体。”运用这种话术既表扬了下属，也没有回避问题的存在，暗示了下属要试着改改脾气和工作作风，才能更好地跟团队融合在一起。这种中肯的褒扬，能够被大多数人接受和理解。

第四，对私人关系好的下属要掌握分寸。

同在一个团队中，有的下属就比较会讨好管理者，或者天生和管理者比较投缘，而有的下属只知道埋头做事，不愿意和管理者走得太近，所以关系有远近亲疏是正常现象。但是在赞美下属时，管理者不应当将私人关系带入进来，要确保一视同仁，该进行夸奖的要夸奖，没有必要夸奖的坚决不能夸奖，否则会在团队中产生不良影响，也会降低管理者的威信。

如果是管理者亲近的下属取得了成绩，确实需要表扬，也不必刻意回避，采用和表扬其他下属相似的话术，比如：“我对××比较了解，他存在着一些缺点，不过这一次帮助团队力挽狂澜，发挥了应有的价值，这点提出表扬，但是也不要因此骄傲，要再接再厉。”在这句话中，管理者并没有有意回避和××的相对亲近的关系，但是也客观地指出了他的优缺点，不会让其他下属觉得管理者虚伪，最终也起到了夸奖的作用。

美国著名企业家玛丽·凯阿什曾说：“要成为一个优秀的管理人

员，你必须了解赞美可以使人成功的价值。赞美是一种有效而且不可思议的推动力量。”

只有管理者掌握夸奖时的分寸和夸奖对象的不同，才能将夸奖的作用发挥到最大，才能让下属认为自己是被管理者关注的，才会发现自己是被尊重的。也正因为有了赞美，下属才能被激活更强大的工作潜能。赞美是和批评、反对、厌恶等一系列沟通方式对立的积极的处世态度和行为。总而言之，赞美下属能够获得和巩固他们的自信心，然而意义又不仅限于此，它是能够促进下属不断努力工作的助推剂，只要管理者不吝啬对下属进行赞美，很容易在他们心中树立自信心和自尊心，让他们从内心深处认同团队的价值观念，增强执行力。

8. “精准投放”的夸奖才有意义

夸奖不仅是一门关乎沟通能力的技术，也是一项需要走心的细致工作，不能盲目、模糊、笼统地夸奖，要有的放矢，选择合适的切入点。这样做有两个目的：一个是让下属真切地感受到被上级的认同和肯定，另一个是能够在团队中传播正能量。管理者不要以为夸奖了某个下属，其他下属就会自动以他为榜样，要明确地指出是因为哪一个闪光点被夸奖的，这样才能给团队指出一条明确的成长道路和前进方向。

一般来说，夸奖下属主要从以下几个方面切入：

第一，夸奖下属的业绩。

下属来到团队中工作，是为了更好地生存和发展，然而除此之外也有追求个人荣誉的念头。管理者必须从具体的业绩出发对下属夸奖，才能真正赋予下属这种荣誉感。当然，在夸奖下属的业绩时，必须考虑周全，不要给其他下属错误的暗示，引发相反的结果。这里需要注意四个问题。

（1）选择合适的机会。管理者要充分考虑夸奖下属是在业绩刚刚获得之后还是过一段时间，一般来说，在业绩刚获得的时候比较合适，因为大家对某个项目记忆犹新，都很清楚有哪些人在项目中付出了努力，哪些人没有发挥应有的能力，这时的夸奖能够起到让其他下属自省的目的，同时也有利于趁热打铁，激励被夸奖的下属再接再厉。

（2）锁定被夸奖的具体内容。管理者要避免在夸奖下属时掺杂一些无关的问题，从而对其他下属造成误导。比如下属是因为抓住了客户需求获得的成绩，管理者就不能说是因为执行效率高而获得的成绩，这样一方面会歪曲事实，另一方面也会让被夸奖的下属无所适从。

（3）要心怀感恩。管理者夸奖下属的目的是激励他为团队做出更大的贡献，那么就要感谢当前他为团队做出的贡献，要在夸奖时表达出代表个人或者管理层的感谢，而不能单纯地说“真好”“很棒”。

（4）夸奖的词汇一定要丰富。管理者不能将赞美表现为一种程式化、套路化的沟通，不能用“继续努力”“更上一层楼”这样的词汇，应当是表达出一种惊喜之情，比如：“没想到××将我们明年的业绩指标提前完成了5%。”这样有益于强化夸奖的效果，让下属感觉到你是发自内心的兴奋和感激。

第二，夸奖下属的忠诚感。

对于团队来说，一个能力一般但敬业的成员更为宝贵，因为能力可以提升，但是敬业则是一种态度，甚至是属于道德层面的个人特质，并不能通过后天改造有效建立。所以管理者要对下属的敬业精神进行褒扬，主要体现在两个层面，一个是时间上的敬业，如愿意主动加班、早来晚走，等等；还有一种是精力上的敬业，如相同时间内比其他人做的工作更多，能够超额或者提前完成任务等。敬业是体现下属是否具有责任心的行为，也是他们追求事业成功的核心表现。

通常，敬业的下属更容易取得成绩，即便成绩不够突出，也会获得个人能力方面的成长和工作经验的沉淀，管理者对下属敬业精神的肯定，就是在为整个团队的价值观奠定基础，能够客观上促进其他下属和团队产生更加紧密的黏着度。一个团队只要树立出敬业爱岗的榜样，就会激励更多的人去努力，从而发挥榜样的作用。

至于如何奖励敬业的下属，手段有很多种，最好的方式是多种手段并用，如物质奖励，这个最能激发其他下属向他学习。当然还有权限的奖励，如给予下属更多的工作自主权和决定权，给他更广泛的展示能力的平台。在具体的沟通中，管理者应当多强调“敬业和团队”的关系。比如：“正是因为××有着敬业精神，所以他才能沉下心来分析项目中的执行步骤，进而发现漏洞并着手修改，帮助我们的产品和服务变得更完美和无懈可击。”运用这种表达方式，能够强化敬业和团队密不可分的关系。

第三，赞美下属的进取精神。

如果说敬业心是确保下属对团队产生忠诚感的基础，那么进取心就是确保下属对团队做出更大贡献的促动因素，只有具备了进取心，才能让下属不断地完善自我，追求更高的目标；才会敢于做梦和圆梦，为自己阶段性地设立各种目标，为了完成这个目标而不懈努力。当然，进取心通常不代表结果，而是一种状态，管理者不能因为下属没有马上获得成绩就不去表扬他的进取心，应当明确“良好的状态才能酿造满意的结果”这一道理。在具体表扬的时候可以这样说：“××的进取心让他不断尝试改善我们的客户服务保障计划，虽然现在还没有明确的结果，但是客户对我们的这个态度十分满意，对于我们下个项目的合作十分有利。”用这种方式让其他下属看到了进取心的作用，也就能激发大家去学习这种精神。

第四，赞美下属的创新精神。

任何一个团队都离不开创新精神，只有勇于创新才能让团队立于不败之地。创新是一种与众不同的想法，是一种有益处的逆向思维，管理者要学会具有相应的鉴赏能力，懂得什么是创新，什么是胡思乱想，对那些敢于创新、善于创新的下属要进行褒扬。不过，由于创新往往发端于一个看似古怪的念头，一些管理者会主观地认为是不切实际的瞎想，并不能对下属进行鼓励，结果造成下属丧失了创新的热情，继而整个团队也失去了创新的动力，这是一种管理上的失败。管理者要用长远和理性的视角去看待下属提出的创新，要尝试用自己丰富的经验帮助他们完善创新，这就需要在日常工作中不断积累经验并学习相关知识，否则很可能会将绝妙的创意扼杀在摇篮中。

在具体沟通时，如果管理者对创新的前景也不够明确，不妨这样夸奖下属：“你的想法颠覆了我们之前的一些认识，我们需要一段时间进行验证和整合，就目前来看，它只是一个雏形，但能达到这个程度已经出乎我的意料了。”这样的表达方式既肯定了对创新的认可和鼓励，也没有盲目表态是否采纳这种建议，能够让下属始终处于理性的状态中，把握好创新的尺度。

第五，赞美下属的才干。

有的下属虽然才华横溢，但受制于现实，并不一定能马上发挥出最大的能力，也许给团队创造的价值很小，但管理者要给予他们时间去获得这样的成绩，要在他们为之努力的过程中进行褒扬，这样才能提高他们的成功率，切莫让下属感到怀才不遇。比如，管理者可以这样表达：“××在研发领域有着独特的见解，为公司提供了很多突破瓶颈的拐点，只是因为产品研发周期比较漫长，他的很多贡献还未能被你们看到，但是这种精神是我们要学习的。”通过这种表达方式既尊重了事实，也给予下属前进的动力。

第六，赞美下属的发展前景。

每一个进入职场的人都担心自己会不会因为选错了行业而抑制了能力的发挥，身为管理者要了解下属的这种心思，要对他们的前途进行肯定，这样才能坚定他们拼搏下去的信念。比如，有的下属对宣传设计很感兴趣，但是一直没有表现的机会，管理者可以适当安排一些小任务给他们，比如企业年会的宣传海报，让他们保持这种热情和兴趣，当他们做出成品之后及时表扬并鼓励，让下属提前做好历练才干的准备。

当管理者的夸奖找到合适的切入点以后，就打通了为下属释放其长处的通道，也为其他下属提供了一条可供参考和借鉴的样本，在团队内部建立起互相学习、互相比拼的良性竞争氛围，最终增强团队的整体战斗力。

Win Their Hearts, Before Calling It Your Team

第六章

改造问题下属，消除团队短板

下属是否能获得自信心，既有内部因素影响，也有外部因素推动，最重要的还是管理者要为下属创造和谐、自由的工作环境，这样才能真正促进下属自信心的提升，才能让每一位下属为团队的共同目标而努力奋斗，团队才有壮大的动力。

1. 不要站在下属的对立面

有一些管理者认为，只有“狠一点”才能给自己树立威信，才能让下属听命于自己。有这样一个案例，一个老板天生比较善良，在员工中的口碑很好，然而当他发现生产线上有严重的浪费现象之后变得很痛心，又不知道该怎么办。后来听了一个教授的讲座后得知：要学会和员工博弈才能不吃亏，如果你太善良发不了狠就找一个狠一点的管理者唱白脸，自己唱红脸，就能解决问题了。后来，这位老板果然找到一个作风彪悍的管理者，每天都盯在生产线上，用秒表计时查找问题，很快就取得了成效。然而员工的不良情绪也与日俱增，终于有一天发生了罢工。老板不知所措，找到员工商量，员工说只要开除那位管理者大家就复工，老板只好照做，生产秩序又恢复到从前。

这个案例其实讲述的是管理者和下属的极端博弈故事，反映了很多管理者的心态：要么睁一只眼闭一只眼，要么拼命和员工对决。然而在现实情况中，管理者和下属更多的是一种平衡的关系，管理者认为只要不出大乱子下属有些不满情绪也无所谓，下属认为只要监管不过分也还能忍。然而这种平衡看似和谐融洽，其实是以牺牲下属的工作积极性和士气为代价的，并不可取。

管理者处理和下属的关系时，要放弃所谓的博弈思维，因为那是一种简单粗暴的办法，只能说适合于特定时期、特定行业且对管理者自身驾驭下属的能力有密切关系。对于大多数管理者而言，不能将自己和下属对立起来，要以关爱下属、帮助下属成长为出发点，想方设法提高他们的心智和能力，在团队内部培养友爱互助的企业文化，以此为基础再发挥管理才能，适当地制定一些办法，这样才能让下属与管理者共同进退。

管理者要想真正抛弃博弈思维，就要从尊重人性的角度出发，多采用感化、教育和约束的方法，让下属展示出他们最利于团队发展的一面，而要将负面情绪控制在他们心里，就需要正确的沟通技巧。

第一，减少利益冲突。

为什么中国的企业很多做不大呢？主要是源于利益冲突，管理者不想多分钱给下属，下属想少干活多拿钱，双方都认为自己的贡献很大却回报不多，最终分道扬镳或者貌合神离，导致企业的规模无法做大。作为管理者，要在日常沟通中弱化这种利益冲突，除了要建立公平的财富分配制度之外，还要通过良好的沟通打消下属的对立意识。比如，在完成一个项目之后，要尽快落实项目提成和奖励，要对有功劳的下属进行褒扬，千万不要说“假大空”的话。比如：“这个项目大家完成得不错，放心，公司绝不会亏待你们的。”这样的话听起来像是给下属奖励，其实很不具体，没有说明每个人能得到多少钱，什么时候分钱，完全是一种敷衍了事的态度。正确的说法应该是：“这个项目大家都辛苦了，我们会告知财务部在下个月的工资卡里给大家发放奖励，最晚也不会超过下下个月。”这样明确地指出了时间和经办人，才能让下属感受到管理者的诚意。

第二，学会使用逆向思维。

管理者和下属需要团结一致，特别是在团队遇到困难的时候，管理者再难也不应该将危机转嫁到下属头上，更不能通过剥夺下属的利益来弥补团队的损失。一旦管理者和下属的关系变成了一个不愿给钱、一个不愿做事，那么这个团队积攒的问题就会越来越多直至彻底垮掉。因此，管理者要学会逆向思维，越是在团队遇到困难的时候越不能亏待下属，因为只有这样才能让下属感动，他们才会愿意和你共渡难关。比如，在团队资金紧张的时期，下属的工资可能要延迟发放，这时管理者就要向大家说明：“咱们公司现在遇到了一些难处，这个月的工资可能要缓发几天，但是一定会足额发给大家，如果有谁急需用钱，可以到我这里单聊，我会用我个人的钱解决。”这番话一方面安抚了下属的情绪，另一方面也暗示如果有人实在困难可以通过管理者的私人资金解决，这样就让下属看到了管理者的诚意，他们也就不会轻易抛弃自己的团队。

第三，以人为本的话术原则。

企业核心经营的并不是产品，而是人力资源。只有聚集了优秀的人才，团队才有发展的动力和目标，一个不顾下属利益的管理者，是无法感化下属的，更不可能让下属和自己一同分担困难。管理者不能和下属争夺利益，要学会保护下属的利益。不管多么伟大的企业战略，最终都离不开人这个武器，而武器是实现商战的重要因素。有些管理者总认为下属没有主人翁意识，这是很奇怪的思维，企业本来就不是他们的，他们怎么可能产生主人翁的意识？这种老套的驾驭下属的思维应该摒弃了。

在日常沟通中，管理者应当将一切利益和“人”的因素挂钩。比如，在制订季度销售计划时，除了提到指标之外，还应该强调“人”的作用，可以这样说：“第二季度的销售目标超过第一季度，实现起来肯定有难度，但是我们之所以定了这样的目标，是因为经过第一季度的磨合和锻炼之后，我们团队人才辈出，大家都有自己的看家本领，而你们就是我们的底气。所以为了发给大家更高的提成，我们决心超过第一季度。”这段话中反复强调了人才的作用，也强化了销售指标提高了就会给大家更好的福利，给下属的感觉就是管理者不光是为自己考虑，还想到了下属的切身利益，大家自然就充满了干劲儿。

很多企业在创业的时候，很多人一起打天下，共同承担风险，甚至都立下了豪言壮语，大碗喝酒，大秤分金银。然而在团队进入平稳期之后，曾经的许诺不见了，取而代之的是各自的小算盘，于是管理者和下属就产生了对立情绪，考虑的不再是团队的共同利益而是个人账户，加上在日常沟通中，管理者弱化了下属在团队发展中的作用，动不动就以大市场、大数据、大局观念来压制下属，让下属失去了和团队同创共享的信念，更失去了往日同甘共苦的战斗情谊，最终将导致利益的分化和情感的疏远，这时候再想通过几句沟通话术来挽回民心，只怕是心有余而力不足。切记，赔了钱可以赚回来，丢了人心则很难找回来。

2. 有苦劳没功劳的要学会善待

在职场中有一句流行语，叫作“不怕神一样的对手，就怕猪一样的队友”，说明大多数人都害怕自己有一个能力一般的同事，其实对于管理者来说也是如此，谁都希望自己的下属都是业绩突出、有闪光之处的精英骨干，都担心能力平庸的下属会给团队拖后腿，从而影响整个团队的业绩。特别是当大多数下属在努力为团队目标奋斗时，那些资质平常的下属更是显得格外突出。最糟糕的是，这些能力平庸的下属和其他成员相处融洽而且也非常努力，却始终无法给团队带来贡献，作为管理者还无法找到将他们开除的理由，虽然这些能力平庸的下属数量并不多，但他们的身影却遍布几乎任何一支团队。

这种就是我们常说的“有苦劳没功劳”的下属，他们虽然业绩不突出，却拥有较高的组织归属感和认同感，对团队也是忠心耿耿，不会传播负面情绪进而破坏组织氛围。但因为没有突出的贡献，所以他们就像小草一样在团队中默默无闻。

上海大学曾经做过一项研究，他们招收了一批志愿者组建团队，进行一项商业竞赛项目，观察他们在不同场景下进行成果汇报时的安全感，结果发现，如果上一个汇报者表现优秀，那么接下来的汇报者会感到很恐惧，安全感随之下降；如果上一个汇报者表现很一般，那么接下来的汇报者的安全感就会提升。最后试验证明：在团队中招收少量的平庸员工，能够帮助其他团队成员在心理上获得一种安全感。

通过这项研究可以发现，虽然团队中难免会存在一些平庸员工，会在一定程度上限制其他员工的能力发挥，然而就总体而言，他们的存在能够最大限度地保证其他员工的安全感，帮助他们相对更自主地完成团队任务，形成一种差异化和多样化的组织现象。所以作为管理者，完全不必为平庸员工发愁。

《战国策》里记载了一个故事，叫作“千金买骨”。据说，古代的某个君王喜欢千里马，不惜花费重金购买，却始终没有如愿。后来，一个大臣到民间寻找。几个月以后，大臣耗费千金购买了一具千里马的尸骨，君王看了以后十分生气，然而大臣却说：“如果天下人都知道您用千金购买一匹死去的千里马，何愁没有活马送上门呢？”果然不出大臣所料，很快就有人向君王送来了千里马。

我们通过这个故事发现：优秀的员工就是活着的“千里马”，平庸的员工就是“千里马的尸骨”，如果管理者善待这些平庸的员工，就能对其他优秀的员工起到强烈的暗示作用：对待平庸者尚且如此，对待优秀者必定更加重视。为了达到这个目的，管理者就需要在日常沟通中善待这些平庸的下属。

第一，发现平庸下属的长处。

有人会问：平庸者能有什么长处呢？有长处还能叫平庸者吗？其实这是一个误读，所谓平庸者是他缺乏为团队直接做出贡献的能力和意识，但并不意味着他一无是处。所以管理者完全有可能从他们身上发现一些看似无用的长处，比如有的平庸下属字写得漂亮，可以安排给他们一些需要手写的工作；有的平庸下属业务能力差，但烹饪能力强，可以在集体野炊、年会活动的时候给他们展示才能的机会，这样就保护了他们的自尊心。

在日常工作中，管理者可以通过闲聊提及这些平庸下属的长处，比如“××工作能力不能赶超你们，但是做饭特别好吃，要是有机会让客户尝尝，估计能比我们的销售之星还厉害”或者“别看××平时不表现自己，但是她心灵手巧能自己做衣服，等到年会的时候咱们的节目服装就全靠她了”。虽然这种夸奖与工作没有直接关系，但就整个团队的存续发展来看，也有一定的宣传意义，这就是在平庸下属中发现其长处的手段。

第二，换个角度看短处。

平庸下属必定都有明显的短板，但是这种短板是否真的毫无价值，这跟观察的角度有着密切关系。有些管理者在发现下属有短板之后，会不遗余力地督促他们改正，其实这种做法很不明智，因为没有谁会愿意天天被人逼着进行改造，这等于在浪费管理者的时间，也会给这些平庸的下属造成困扰，甚至引发对立情绪。所以不妨换个视角分析这些平庸下属，通过巧妙的沟通帮助他们树立自信心。

有的平庸下属领悟能力很差，客户交代的要求总是跑偏，但是换个角度看，这也说明了这个下属可能有自己的想法，不是那种人云亦云的“复读机”，所以管理者可以让他们在集体会议讨论时表达自己的观点，虽然未必正确，但也许能启发其他下属。比如，在一次激烈的头脑风暴之后，优秀的下属都献计献策，然而很多创意又相互产生了矛盾，这时管理者可以让领悟能力差的下属谈谈他对这些创意的理解：“大家的点子都不错，但是不是切实可行，我们还要站在别人的角度看看，那就请××说说自己是如何看待这些点子的。”通过这种鼓励式的引导，这位下属就会知无不言地说出自己的看法，可以促进多种创意的对撞和整合。

第三，为下属创造发挥长处的空间。

有时候，所谓的平庸下属并不平庸，只是英雄无用武之地。如有的团队讲究创意制胜，招收了很多脑子灵光的点子大师，但是这些人更喜欢高谈阔论而不乐于埋头苦干，因此和这些精英相比，那些反应稍微迟钝些的下属就显得不够优秀了。但是随着业务的扩展，团队可能需要更多负责执行和实操的下属，这时候管理者就要给予原来被认为是平庸的下属们表现的机会。比如，需要做一个枯燥的客户数据统计工作，管理者可以这样对下属说：“咱们团队里只有你能够耐得住寂寞，这项工作虽然没有太大的难度，但需要耐心和细心，这决定了我们日后开展工作的基础，所以将这个任务交给你。”通过这样的话术，既能够让下属安心工作，又从侧面褒扬了团队中其他精英不具备的长处。

团队中可以分为两种下属，一种是有着显性贡献的下属，通常被认为是精英，他们是壮大和发展团队的主力，也是很多管理者重视的群体。还有一种是做隐性贡献的下属，他们就是被认为平庸的那部分群体，少有管理者对他们重视，但是我们应该清楚，正是这部分“平庸者”的存在，才起到了平衡整个团队组织结构的作用，因为一旦团队中挤满了精英人群，势必会产生拉帮结伙甚至另立山头的情况，会严重地影响团队的和谐统一。因此，合理安排精英者和平庸者的比重，发现平庸下属的长处，给予他们更强的自信心和自尊感，对团队的长远发展是很有现实意义的。

现在一些管理者走入了“精英主义”的误区中，无论是认识上还是沟通上，都以精英为中心，和精英沟通时就讲究策略，和平庸下属沟通时就无所顾忌，殊不知这种沟通态度会拉大精英者和平庸者对团队的心理认同，会造成平庸下属对团队的情感淡薄，而精英下属也难免居功自傲，变得越来越难以管理。只有合理布局精英下属和平庸下属的配比关系，才能真正实现科学的现代化企业管理模式。

3. 扶不起的阿斗给予自信心

美国哈佛大学的劳伦斯教授认为，决定一个人工作业绩好坏的原因来自对工作的满意程度，主要因素来自以下方面：工作的满意程度，是由人的自信心决定的。作为管理者，要让下属在工作中建立自信心。人的自信心并不是凭空而来的，是经历过一次次的危机之后逐渐建立的。劳伦斯教授也认为，一个人自信心的提高能让其对自我的掌控力加强，而掌控力是人对自己的正确评估和预见的能力，能够在人的内心产生一种强大的动力，帮助个体走向成熟。

自信心如此重要，但是很多团队中却有一些失去了自信心的下属，他们可能曾经被委以重任，然而事实却证明他们能力不够，是“扶不起的阿斗”，于是在团队的人才等级中沦为最底层，他们只能依靠多年的经验积累留在团队里，既不会犯大错误，也不会有大贡献。

事实上，越是这些“阿斗”，越渴望得到关于自己的“评价”，希望别人了解并夸奖自己。虽然“扶不起”，但并不意味着他们身上没有闪光之处。管理者应当对这些下属进行鼓励和慰勉，特别是那些能力平平、业绩不够突出的下属，更要找到他们身上的闪光点进行褒扬，给予他们足够的信心。比如，当某个能力一般的下属很不自信地接受一个任务时，管理者可以这样说："我知道你很看重结果，也担心不能完成预期目标，但这个任务并不难，因为你有足够的耐心，所以你只要按照我们既定的客户策略去做就能搞定。"这样一来，下属就无法拒绝，也会增强他们的自信心。

管理者要赋予这些能力不够出众的下属一个"优点"。如"你有足够的耐心"，通过肯定这个优点来给对方增加自信心，而不能泛泛地说"你很棒""你很优秀"，这样下属一听就知道你不是真心在夸奖他。只有帮助下属找出一个闪光点，才能削减他们的紧张情绪，让他们在相对放松的状态中去接受并完成任务。

需要注意的是，对能力差的下属所犯的失误或者错误，不要直接训斥，要和下属一起分析失败的根本原因，帮助他们找到合理的解决方案。比如，管理者带着几个下属去参加保龄球比赛，下属抛过去的球打倒了七个，这时候管理者可能会有两种表达，一种是："真厉害，一下就打倒了七个，不简单啊！"这种语言带有激励性，让对方听起来很舒服，会在下一次比赛中表现得更加出色。第二种是："真差劲，怎么还剩三个没有打倒？你是怎么搞的？"如果是这样的话术方式，下属为了缓解压力就会产生防御性思维："我还打倒了七个，要换了你恐怕还没有我厉害呢！"两种截然不同的话术策略，前者能够起到激励作用，后者就会产生逆反心理，其结果也不同。

能力普通的下属比其他下属更需要积极的激励，而避免进行消极的斥责，这对他们的自信心的培养有着重要作用。另外，管理者对能力一般的下属不要心怀歧视，要给予他们足够的尊重。因为管理者和下属在人格上是平等的，区别的只是职务的不同，正如那句话所说：“伟大来源于对待小人物上。”越是对这些“扶不起的阿斗”彬彬有礼，就越能帮助他们重拾自信心。

站在团队的角度来看，自信心是下属对自身能力的认可，会深刻地影响着团队的发展速度和发展规模。管理者应当通过日常沟通中的话术，帮助下属建立起强大的自信心。丢失了自信心的下属，就会像“扶不起的阿斗”一样，难以承继大业。

第一，要让下属学会自尊和自爱。

自信的源头是什么？是我能行，我总会想办法解决，这是一种乐观心态，是一个人日积月累形成的。作为管理者，需要在平时的工作中肯定下属的能力，在团队中营造出一种互相尊重的人际关系氛围。比如，在对下属下达命令时，要多用“请”　“麻烦”这些词汇，不要觉得这是低声下气。

事实上，越是地位高的人越不需要通过所谓高冷的态度来证明自己，对待下属的工作失误，应当以督促对方自我反思为主，而不是张口就批评。比如员工迟到了，不要上来就指责：“为什么全公司只有你一个人迟到了？”而是应当换个方式表达：“你来得这么晚，是不是遇到了什么麻烦事？”管理者的态度好转了，下属自然愿意坦诚相告、承认错误。

第二，让下属明确在团队中的位置。

每个人都希望自己的能力得到他人的认可，甚至有很多下属希望把上司培养成近乎于朋友的关系，而担心被团队排斥。作为管理者，不应当认为下属已经拿了工资，所以做什么事都是天经地义的，如果抱有这种想法，你花钱雇来的仅仅就是一个打工者，而不是能够和团队同舟共济的人。在具体的沟通环节中，需要掌握两个小窍门。

一个窍门是牢记下属的名字，下属对自身重要性的首要前提，是管理者知道他们是谁，而不是一个符号或者是一个集合。那些规模大、员工多的团队，可能一个管理者要面对几十个下属，但不能因为人多就只记住关系好的或者自认为是最重要的人，要记住每一个下属的名字，当着他们的面说出来，这样就会让下属意识到自己的存在感。另一个窍门是遇到问题多找下属商量，当工作上有一些管理者也无法独自解决的问题时，要尽量找相关负责的下属参与讨论，这样既能够进一步了解下属，还有助于帮助他们增强自信心。

第三，对待下属要一视同仁。

有的管理者喜欢军事化管理，认为应该像管理军队那样去管理一个企业或者一个部门，这是非常可笑的想法。企业不同于军队，任何一个员工觉得受到不公正的待遇都能“转身走人”，和纪律森严的军队完全没有可比性。所以管理者在发号施令时，不要用呼来唤去的口吻，应当用建议的口吻，这样的好处有两点：一是让下属觉得自己没有被管理者看轻；二是自己在团队中具有一定的重要性。

第四，别让下属下不来台。

每个人只有经历一些事情才能成长，而团队不光是招纳人才的地方，也是培养人才的地方， 管理者应当学会接受下属犯错误，不要抓住下属的一点错误不放，让下属丢了面子。比如，在一次提案会上，有下属兴冲冲地说出了他的营销方案，虽然很有创意但是预算成本较高，不是一个很接地气的方案。在他自认为作了精彩的报告之后，其他同事马上提出了反对意见，这位下属这才意识到了问题所在，有些羞愧难当。这时作为管理者，不能让提案会变成批斗会，应当及时制止，最好的办法就是转移话题，可以这样说："大家今天都创意满满，那我们不如借助这个劲头再讨论一下年度的客户抓取方案该怎么制订吧？"通过转移话题，就能将下属从刚才窘迫的状态中解救出来。找个机会管理者再和他沟通，下属自然会明白上司的良苦用心。经过这样一次磨炼之后，其考虑问题会更全面，日后很可能成为团队的中流砥柱。

第五，创造知无不言的工作氛围。

下属是否具有足够的自信心，和他们每天工作的环境不无关系。有的团队气氛压抑，缺乏互相交流的工作习惯，会让下属在无形中减缓成长的速度；有的团队虽然活跃，但是管理者喜欢定调子，经常否定下属提出的一些建议，而且还不说明否定的原因，让下属将问题归结到自身能力不足上，这样也不利于下属自信心的培养。

身为管理者应当让下属敢于尝试、敢于接受挑战，在平时的沟通中要学会多说一些激励性的话语，特别是在安排任务时，不要用惩罚性的口吻说话，比如："这个任务交给你了，如果不能如期完成任务会影响到你们的年终绩效考核。"这样的沟通不仅不会让下属建立自信心，反而会让他背负沉重的压力。正确的沟通方式应该是："这个任务交给你，我是放心的，因为你和刚进公司相比有了明显的进步，证明你实力的时候到了。"这样的沟通有益于给下属打气，提高他们的成功率。

另外，管理者要在办公布局上做文章，比如要将自己的办公室尽量安排得距离员工办公区近一点，不要弄到一个偏僻的角落从而拉大和下属的心理距离。管理者应当创造随时都能和下属交流的机会，鼓励下属主动说出自己的观点。同时，在一些公共活动区域，可以通过增加笔记本、笔和白板等办公用品，让下属尝试互相交流并分享工作经验，在相互学习的过程中提升他们的自信心。

第六，以人为本。

日本有一家企业推出了创新的球面组织管理模式，让整个企业变成了一个能够自由流动的整体，打破了传统的按照学历定级的企业人事制度，为员工参与企业的经营管理创造了内在条件。这种模式将总经理专务作为核心，向外面的部门进行辐射，每个部门都包含着不同的小组，每个小组也会安排不同的任务。当一个任务完成后又会重新组合形成新的小组，去解决新的问题。通过这种组织管理模式，能够让团队始终保持着统一性和唯一性。

虽然中国的企业目前还无法尝试这种超前的管理模式，但是可以适当借鉴这种工作方法。比如在部门内部分组的时候可以按照随机原则，让不同的下属都有合作的机会，增进彼此的了解。

下属是否能获得自信心，既有内部因素影响，也有外部因素推动，最重要的还是管理者要为下属创造和谐、自由的工作环境，这样才能真正促进下属自信心的提升，才能让每一位下属为团队的共同目标而努力奋斗，团队才有壮大的动力。

4. 下属产生矛盾要说公道话

同在一个团队里，难免有磕磕绊绊，这种磕绊不仅存在于管理者和下属之间，也存在于下属和下属之间。那么下属之间有了矛盾，管理者应该如何处理呢？有些管理者喜欢“各打五十大板”，认为这对谁都很公平，也不会得罪人，其实这是非常错误的做法，不仅得罪了人，还得罪了公理，甚至可能触犯了众怒。

有时候，一些矛盾确实是公说公有理婆说婆有理，想要分清是非曲直并不是那么容易的，如果是这种情况，管理者确实要讲究圆滑策略，要分别向矛盾双方了解情况，采取非正式的方式和他们谈心，也就是说不要代表团队，而是管理者本人，要了解不满者发出的牢骚，发现被攻击者饱受的争议所在，权衡利弊之后再进一步解决。

由于矛盾双方很难客观地描述问题，所以管理者想要得知真相是有难度的，不过有一点可以肯定，他们都希望管理者说句公道话，当然作为管理者来说，只要分辨出了黑白，就要心中有数，千万不要公开说出谁对谁错，这样会进一步扩大双方的矛盾，也会在整个团队中造成不和谐的声音。管理者需要分别告诉矛盾双方，你知道了事情的真相，这时需要用一些囫囵话来圆场，可以这样说：“你们谁是谁非我都清楚，但是作为你们的上级，我希望大家能团结一致向前看，至于谁受了委屈，我通过你们最认可的方式进行补偿。”这句话一说出口，不管是真委屈的还是假委屈的，多少都会放下心，因为即使是假委屈的，他可能也真的认为自己委屈。

有人会说，管理者这是两面三刀的做法。其实问题不能这样看，管理者最应当考虑的是团队的整体利益，或者说是大多数人的利益，而并非某一两个人的利益，过分纠结真相，非要弄个水落石出，那是福尔摩斯的做法。作为管理者要顾全大局，当然有一种情况除外，那就是矛盾双方的焦点和团队切身利益有关，那就必须果断处理。然而现实的情况是，下属间的大多数纷争都是鸡毛蒜皮的小事，纯属个人恩怨，所以谁是谁非对管理者来说并不重要，重要的是如果双方就此结下仇怨，在工作中互不配合甚至互相拆台，管理者就不能袖手旁观，必须想方设法化解他们之间的矛盾，所以要采取单独谈话，将真相深藏于心的话术策略。

有些团队中，因为对改革的认知存在分歧，所以会分成新旧两派，在工作中就难免产生摩擦，这种矛盾是对团队发展最为不利的，因此管理者不能使用“囫囵话”去应对，必须先找出问题的根源，是老员工居功自傲欺负新人，还是新人妄自尊大不把老员工放在眼里？是有关学历不对等的矛盾，还是待遇不匹配的矛盾？管理者都必须弄清楚。但是在具体处理的时候要注意，对待新老员工要采用不同的话术。

比如对待老员工，可以这样说：“你是老员工了，咱们彼此非常熟悉，所以我更喜欢从你这里打开缺口，××是新人，需要一段时间的历练才能成熟，我相信他不是有意和你作对，希望你能高风亮节，不要跟小孩子一般见识。”通常这么说出口，老员工自然就懂得轻重。如果是对待新员工，则可以采用这样的话术：“你初来乍到，有些事情还不了解，我也来不及向你一一介绍团队里的情况，你对某些同事看不惯，可能站在你的角度是有一定道理，但我们毕竟是一个整体，××又是团队中的老员工，人还是不错的，只要你能和他化解矛盾，他还是有很多东西愿意教给你的，而这些是对你最有价值的。”这样一安慰，新人也能分清好歹。

归根结底，新老员工之间产生矛盾，双方基本都是有责任的，老下属难免会固化思维，新下属又是勇猛过头。因此，管理者不必非要找一个“罪大恶极者”，不如多采取一些手段，巧妙化解新老员工之间的矛盾。比如，可以多举办一些消遣和娱乐的聚会或者野外活动，帮助大家加深了解，消除误会和敌意，这样才能从根本上规避或减少矛盾的产生。

还有一种情况比较特殊，是某一个下属兴风作浪，跟多个下属甚至是整个团队对立，触犯了众怒，他们或者是在工作上与别人不配合，或者在背地里讲遍所有人的坏话，破坏了团队和谐氛围。面对这种情况，可能有些管理者会将问题下属直接开除，虽然从做法上看能够争取大多数，孤立极少数，但是却忽略了造成这种现象的原因，而且采用这种手段，等于强化了“人多力量大”的丛林法则，而不是强化“真理往往掌握在少数人手中”的观念，会给团队日后的发展埋下隐患。试想，只要某个下属的想法和做法和多数人不同，就会被团队抛弃，这也不利于团队的长期发展。

所以面对这种情况，管理者还是要先调查清楚，在发现真相之后也不要对触犯众怒的下属采取极端手段，而是要和他们心平气和地谈心，让他们先将心中不满的情绪释放出来，给对方留下管理者是通情达理的印象，也许通过他们之口能够发现一直被大家忽略的一些问题。比如，管理者可以这样说：“也许你对我们团队的工作状况不大清楚，这样，你有什么疑问可以先跟我说，也不要藏着、掖着或者直接质问其他同事，这样对团队很不好。”同时，管理者在日常闲聊时也可以传递这样一种观点：“每个人的性格不同，作风也不同，刚开始合作的时候难免有些摩擦，但这些都是正常的，并非是恶意的，希望大家不要带着个人情绪去看待这个问题。”

通过针对不同对象和不同场合，管理者的话术能够为团队的和谐气氛做出铺垫。同时，这也体现了“一碗水端平”的基本策略，管理者对犯错误的下属该批评还是要批评的，对受到不公正待遇的下属，一定要采取补救措施，并配合适当的话术策略安抚对方。

松下的员工可以当面表达他们心中的不满，这是松下幸之助的一大管理特色。在第二次世界大战之前，曾经有一位候补下属就表示出不满，因为当时松下电器的员工分为一、二、三等以及候补共计四个等级，由于这位候补下属迟迟未能升迁，所以心中不满就直接对松下幸之助说：“我已经在公司服务这么久了，自认为对公司有了足够的贡献，早已具备了做二等员工的资格。可直到现在，我也没有接到升级令。我想，恐怕是公司忘了我的升级吧？”当时这位员工很受松下幸之助的器重，于是责令人事部门调查，发现是因为漏办了升级手续，松下幸之助马上给该名员工升级并对他说：公司很欣赏你这种坦诚相见的沟通，希望其他员工也能将自己的不满表达出来，因为长期憋在心里只会增加痛苦，最终损害的还是团队的利益。

松下幸之助一方面鼓励员工直言不讳，但是对犯错的员工也从来不留情面。一次，一个员工被松下幸之助骂了一顿：“不如去开烤白薯店，别再制造电器了。”虽然这话听起来有些刺耳，但是严厉的批评也是对表现良好的员工的变相奖励。

总而言之，管理者要学会在保全大局的前提下调解下属和下属之间、下属和团队之间的矛盾，在不影响全局的前提下，管理者就要有“打破砂锅问到底”的精神，要么不问，要么问了就必须解决，绝对不能给下属自己喜欢推卸责任的感觉，因为一旦下属认为管理者懒政不作为，就会对团队失去信心。

5. 下属的非分要求要拒绝

每一个管理者都想让下属满意，都想成为一个口碑好、人缘好、受到团队成员紧紧追随的领导，然而在现实工作中，不可能为了满足下属的一些欲求而丧失原则，何况，有那么一种下属经常会提出无理要求，对此，管理者必须学会说不。那么，到底有哪些问题是原则性问题，哪些是非原则性问题呢？管理者该如何弹性地掌握这个尺度呢？

原则性问题，是直接影响到团队利益的问题，是无法采用迂回策略解决的问题，管理者只能正面做出回答。比如，有的下属在团队业务最为繁忙的时候想要休息几天，那么通常有两种情况，一种情况是下属未能按照安排休假计划的规定做完某些事，另一种情况是这段时间管理者已经安排其他下属休假，无法再多出一个指标。如果是第一种情况，管理者就必须明确告诉下属，是他没有按照公司的规定，无法满足他的要求，可以这样说："对不起，我们打算在最近几天对客户数据库进行整合升级，有关人员不能缺位，你也知道，正因为有这种任务量公司才规定每年的5月份安排休假。"如果是第二种情况，下属的请假要求和别人事先计划好的休假存在冲突，这时管理者就要让他明白，请假必须遵守“先申请然后批准并安排”的原则，因此只能拒绝他的要求。当然，管理者也不必做得太不近人情，可以让下属和已经安排休假的下属对调一些休假日期。

还有一类常见的原则性问题，就是下属对管理者提出升职加薪的请求，这时候也要具体问题具体分析。如果是那些尽职尽责、能力出众的下属，当然不好直接拒绝，尤其是一些岗位的薪酬早就应该提高但是团队又缺乏相应的资金，这时候如果一口回绝，会严重刺伤下属的心理，最好的办法就是坦诚相告，必须让下属明白为什么不能满足他的要求。比如，可以这样说：“其实你不提这个要求，我也在考虑给你升职加薪的问题，只是公司现在进入了发展瓶颈期，一时半会儿还拿不出钱来，但是你的要求我会在度过这个阶段之后予以考虑，希望你能和公司共同进退。”需要记住一点，在面对这类问题时，管理者千万不要做出超越自己职权范围的承诺，更不能在八字还没一撇的时候给下属展望未来，因为一旦下属失望，对他内心的伤害反而比不能满足更大。切记不要这样说：“如果公司下个月业绩突破去年，就一定给你升职。”这种假设变数很大，然而下属会记在心里，甚至会主观地认为“突破去年业绩”的可能性很大，这样无异于给管理者增添了承诺负担。

还有一种情况是下属要求改变上下班时间。有的公司会划分出夏令时和冬令时，但是下属的家属和子女并不一定会按照这个时间表来走，所以有些下属会提出改动上下班时间的问题。通常面对此类问题，管理者最好不要轻易答应，因为时间是决定着一个团队正常运行秩序的根本，特别是为了满足少数人做出的修改，很可能会引发多数人的不满，管理者要尽量回答得灵活，并和提出要求的下属讨论各种可行性的方案，但是不能直接拒绝他们，因为当下属提出这类问题时，很可能是家中确实存在一定困难，也是万不得已而为之。但是管理者也不能心软，盲目答应某一个下属可以提前下班的要求，这样会引起其他人的不满，会让管理者被贴上“没有原则”的标签，甚至会被怀疑和提要求的下属有什么不可告人的关系。最好的话术策略是：“我知道你们带孩子很不容易，但是公司里不是只有你一个人有小孩，在其他人没有产生共同问题之前，我也不能轻易破坏规矩，望你理解。”用这种沟通方式虽然不一定能让下属愉快，但是也解释了自己的无奈，至少让对方不会怨恨你。

有的下属会提出要调动到其他部门工作，如果是可有可无的人，管理者当然要马上批准，但如果是精兵强将或者提出要求是在团队最忙碌的时候，这时管理者就不能轻易答应，但是直接拒绝也会让下属心灰意懒，即便留下来也会丧失往日的工作热情。因此最好的沟通方式是，先心平气和地跟下属沟通，询问对方为何要调动工作，这时需要听他们的弦外之音，而不是一句囫囵话就跳过。很多时候，下属要求调离是和其他同事关系紧张造成的，这可能会牵扯出一个管理者一直不了解的情况，所以必须调查清楚。比如，可以这样问：“你在这个部门也干了很久了，我想离开的原因可能不在工作本身，而是工作之外的问题，我希望你能如实回答，不然问题不解决，调到其他部门可能会遇到同样的问题。”如果下属确实遭遇了人际关系危机之类的事情，很可能会在管理者的暗示下说出来；如果不是，管理者就要马上切换话题，寻求真相所在。如果管理者不能够解决下属指出的问题，那么只能表示拒绝，但是不要给下属带来任何负面的影响，而是要给他保留一份希望。比如，可以这样说：“目前这个阶段业务实在太忙，等忙过这一段我会找机会。”这样既能给下属一定的心理安慰，也能让他暂时安心处理手头的工作。更重要的是，下属可能在这段时间内改变自己的想法，到时候也不会提出调动工作的要求。无论如何，管理者都要时刻关注下属的想法，尽量减轻因不能满足下属要求而造成的负面情绪。

如果是非原则性的问题，管理者要本着能满足就满足的原则，前提是提出要求的下属在团队中很有价值，满足他们的一个小要求往往可以带来更高涨的工作热情，比如下属要求调换电脑，这些和下属的工作效率有关，要尽量满足。但如果碍于实际困难无法满足，也不能直言不讳，应该本着安抚、宽慰的态度表示暂时无法满足，让下属经过一段时间的沉淀和反思，可能会打消或者转移这些需求。

总之，管理者对原则性问题必须慎重，也不必太过于在意下属的感受，因为当你过于追求话术效果的时候，很可能会表现出一种无原则性，当下属意识到你的这个表现后，会在心里对你产生全新的定位，可能会直接破坏掉管理者的威信和尊严。

6. 和下属争论要注意的话术原则

管理者和下属之间难免发生分歧，这原本是工作范畴内的，但是如果处理不好，也会影响到彼此的私人关系。在遇到这类情况时，有些管理者总抱着唯我独尊的态度，在面对分歧时缺乏耐心，直接用头衔和地位压制下属，剥夺下属的话语权，或者是得理不饶人，揪住下属的错误不放，好像不狠狠批评一顿对方还会继续找碴儿一样。

人们常说：分手后最容易见一个人的人品。如果把这句话套用在职场上可以是："争论时最能见管理者的素质。"在上下级相安无事的状态中，绝大多数管理者都能与下属保持和谐的关系，但是一旦发生争执，就能区分出不同的管理能力了。在和下属争论时，管理者应当注意三个有关沟通话术的问题。

第一，要耐心倾听不要急于发表意见。

有些管理者为了让下属接受自己的观点，喜欢喋喋不休地灌输一堆大道理，然而当下属提出自己的观点时，又毫无耐心，这不仅是一种素质低下的表现，更暴露了管理者沟通能力的短板。我们强调的沟通话术，不单纯是指如何说话的技巧，也包含着怎样听话的技巧以及沟通中需要注意的态度。当下属发表自己的意见时，不要急于打断对方，即便对方的言辞中出现了明显的漏洞，也要耐心地听完，这样做的目的有两个：一个是出于基本的礼貌，另一个是让下属将错误的内容说出来，才有纠正对方错误的空间，否则很难让下属意识到自身的错误。

美国一家汽车公司想要签订一项合同，当时有三个公司准备好了样品，汽车公司将所有样品看过之后，同时向这三家公司发出了最后谈判的邀请。谈判当天，汽车公司的董事长亲自坐镇，却发现有一家公司的代表身患严重的喉炎，谈判时他声音极其微弱，他说话时就像是在耳语一样。最后，这位代表只能尴尬地在一张纸上写了“嗓子哑了不能讲话”的内容，然而汽车公司的董事长非但没有生气，反而代替这位代表主动介绍对方的样品，讲着讲着，董事长竟然不由自主地站在了那位代表公司的立场上，最终和这家公司签订了合同。后来，这位代表承认，如果当时他的嗓子没有问题，这份合同很难签下来，因为董事长将失去一次亲自讲解的机会。

这个案例看起来有些不可思议，却符合一定的心理学原则：人们很容易陷入 “角色扮演”的状态中，当那位董事长替代表介绍对方的业务时，就会和他产生共情心理，在潜意识中对自己介绍的产品发生认同和亲近，自然而然接受了对方。其实，管理者和下属发生争执时也是如此，与其自己说得面红耳赤，不如给对方滔滔不绝的机会，很可能他说着说着，就会发现自己理屈词穷，甚至不知不觉地站在管理者的角度说话，通过这种“静观其变”的方式既不会伤害到下属，还能给自己增加权威性。

法国哲学家拉罗什弗科尔曾经说过一句话：“如果您想树敌，就设法超过自己的朋友；如果您要朋友，就请为您的朋友提供超过您的机会。”有些人在别人受挫折时会表现出更大的同情心和亲近感，然而当别人获得成就之后则会心生“羡慕嫉妒恨”。这个心理现象也存在于管理者和下属之间：当管理者试着改变强硬的态度，做出一副耐心倾听和甘心受教的姿态时，往往更容易打动下属，改变旧有的形象。特别是当管理者对下属说：“这个问题我确实没有认真考虑过，没想到你能找到这么新的角度，我很愿意听听你的想法，说不定会给团队带来很大的帮助。”有了这样的话，能让下属更愿意直抒胸臆，管理者也能更全面和客观地掌握相关信息。

第二，不要在争论中不吃亏。

大多数人在争论时，都会觉得自己是正确的，也常常在争论结束后认为自己没有发挥好。事实上，争论中是很少有胜利者的，很多都是不同视角、不同思维方式造成的分歧，并非一定能分出对错。职场上也是如此。管理者和下属争论，不要认为自己一定要压过对方一头，要尽量避免或者减少争论，至少要保证不进行人身攻击。因为想要改变对方的观点是很困难的事情，任何一个团队不能要求每一个成员都完全认同团队的价值观。即便管理者是正确的，也不要妄图去改造所有下属，哪怕对方的学历、阅历或者修养远在你之下，也很难通过争论的方式说服对方。

拿破仑的侍卫长康斯坦经常和皇后约瑟芬一起玩台球，他虽然技术出众，但从来都是让着约瑟芬皇后，以此博得了她的欢心。虽然这个故事看起来更像是教人阿谀逢迎，但是用在管理者和下属身上也不过分：管理者就不需要让下属心情愉悦，沉下心工作吗？当然，面对原则性的问题，管理者必然要坚守底线，但对于非原则性的问题，管理者不必和下属争得面红耳赤。

美国前总统林肯曾经遇到过这样一件事，一个年轻的军官和同事发生了争吵，结果林肯狠狠地批评了这个军官，军官表示不理解，林肯说：“任何一个想有所作为的人，都不应在和人争吵上浪费时间。”

管理者和下属争执时，一旦发现气氛有变就要及时停止，如果下属也通情达理的话，当你表现出不想争吵的状态时，下属也不会自讨没趣。但是，如果下属不明事理或者在争论中触怒了他的某根敏感神经，还想继续和你争吵时，管理者可以这样说：“好了，我不说了，剩下的时间全部交给你，我会听完最后一个标点。”如果以这样的态度面对下属，即便是再蛮不讲理的人，气也会消了大半，不会再和你纠缠下去。

第三，有错必认，知错必改。

一个管理者的心理素质要过硬，要勇于承认错误，当过错在自己这边时，管理者要拿出诚恳的态度，主动向下属承认错误并道歉，求得对方的谅解。有的管理者在和下属发生争吵之后，再见了面也不愿说话，其实双方内心都在期待对方先开口。这时候作为管理者，应当拿出宽容的气度来，要主动和下属说话，表现出你的真诚和热情，从而消除争论带来的阴影，这样才能给下属和团队的其他成员一种不计前嫌、心胸豁达的印象。

如果管理者放不下面子，憋着一股犟劲儿对下属不理不睬，那么即便是很小的冲突，经过时间的发酵也会像滚雪球那样越来越大，最终演变为不可调和的矛盾。管理者要清楚，人心都是肉长的，只有以宽容的态度去面对下属，才能将对方感动，化干戈为玉帛。切记，只有愚蠢的人才会为自己的错误辩解，这不仅不会提升你的形象，反而会让你在下属眼中变得更加渺小和卑微。

曾经有一位作家，语言犀利，经常引人发怒，然而却具有能够化敌为友的非凡才华。当一个气愤至极的读者写信声讨并辱骂他时，这位作家是这样回信的："您的信我已仔细拜读，我告诉您，我本人对自己的观点也不甚满意。昨天写下的东西今天不一定都喜欢。我高兴地了解到您对我所提问题的看法。您如果有机会到我们这里来，请顺便到我家来共同探讨这个问题。"作家正是用这样礼貌、坦诚的方式，让憎恨他的读者没话说。

当然，在管理者和下属刚发生争执之后，下属可能一时间难以平复情绪，这时候管理者再主动和大度，也未见得能缓和矛盾，这里可以采用三种应急措施。

第一种，电话沟通。打电话向下属解释，能够避免双方见面交谈带来的尴尬和别扭，不过虽然不是面对面，但管理者更要注意说话的语气、速度和措辞。不要说话太快，让下属觉得你只是敷衍了事地认个错，也不要用冷冰冰的语气，让下属感觉不到你的诚意，在遣词造句时更要注意：你和下属争论的焦点问题必须带出来，这样才有助于彻底化解矛盾。只有用亲切自然的状态和下属电话交流，才能打开彼此的心扉，消除隔阂，最终形成共识。当电话沟通产生了不错的效果之后，这就为恢复上下级关系营造了良好的开端和基础。不过需要注意的是，如果管理者不擅长用电话沟通或者下属不喜欢接到上级的电话，还是选择面谈的方式比较稳妥。

第二种，找人斡旋。如果电话沟通效果不佳，又不能马上面对面交谈，管理者不妨找一些对下属有影响力的中间人，通过他们带去自己的歉意，并委托对方进行一些调解和说服工作，这也是一种有效的和解方式。特别是当事人自己碍于情面不能说或者不便说的一些话，通过中间人去传达，反而会强化效果。有了中间人从中斡旋，就相当于在上下级之间搭建了沟通的桥梁。不过需要指出的是，管理者不能将和下属重归于好的全部希望都寄托在中间人身上，因为他们只是起到穿针引线的作用，能够起到决定性作用的还是管理者和下属的进一步沟通。

第三种，寻找机会。当电话沟通无效又找不到合适的中间人时，管理者就要寻找有利时机并掌握好尺度去化解和下属之间的矛盾。比如当下属遇到喜事的时候，如过生日、结婚、生子、受到表彰等，上级可以送去真挚的祝福，而这时下属情绪亢奋，很容易接受上级的缓和举动，甚至会彻底扭转对你的态度，彼此的矛盾也就容易化解了。

管理者不要认为自己的职位比下属高，自己的阅历比下属深就不会犯错，事实上人人都会犯错，能够主动认错才是弥补错误的唯一手段。当你和下属产生矛盾时，一定要坚守有错必认、有错必改的原则。

一个优秀的管理者不仅要具备出色的工作能力，还应该具备过硬的领导技术，在和下属发生争执之后，要本着宽容揽过的精神，站在下属的感知角度，去理解和体谅下属和你发生矛盾后的难过、悔恨、自责以及惶恐等心理，要明白下属的心情很可能比你的心情更加沉重和无奈。管理者只有培养这种“揽过错、担责任、分压力”的心态，才能有效化解双方的矛盾。另外，需要指出的是，管理者不能以一时一事来否定一个下属，抹杀他的功绩；不能以偏概全，要看一个人的本质和常态。同时，管理者也要认识到，宽容并不等于纵容，对那些不能容忍的粗鲁顶撞，还是要横下心、黑下脸去抨击，否则管理者的威严会一落千丈，永远也管理不好下属。

Win Their Hearts, Before Calling It Your Team

第七章

用幽默协调团队关系

有了幽默感作为沟通的助推器，就可以将管理者的指挥能力、协调能力、危机处理能力等必需的素质强化放大，最终形成让全体下属为之折服的领导能力。

1. 幽默能提高领导力

团队的核心是管理者，管理者的作用就像电脑的中央处理器，能够起到信息整合、集中运算、中央控制等多项功能。一个优秀的管理者，就是一个擅长调动整个团队战斗力的领导者，必然拥有举足轻重的领导力，能够快速、全面、彻底地发挥团队每一分子的工作职能。那么，领导力通过什么可以提高呢?

幽默大师卓别林说过："幽默是智慧的最高表现，具有幽默感的人最富有个人魅力，他不仅能与别人愉快相处，更重要的是拥有一个快乐的人生。"的确，幽默展现的是一种人生态度，也是一种生存技能，它能够产生一种强大的力量，以此来对抗一些突发事件；另外，幽默也能让人减轻压力。"会心一笑"从本质上讲就是用幽默去打动对方的内心，双方形成一种默契的心理关系。

在职场中，一个懂得幽默的管理者能够给下属带来快乐，能够让下属最快地接受你。现在有一个流行词汇叫作"幽默领导力"，指的就是凭借轻松风趣的方式化解尴尬场面的能力。管理者要想具有出色的领导力，就要学会在沟通中增添幽默的元素，这样才能体现出一个团队领导者的风采和智慧。幽默不仅能够提升管理者的个人魅力，还有助于增强和下属的感情。

管理者要清楚，领导力是一种影响力和沟通能力，它可以决定是否有人愿意追随你、有多少人愿意追随你、是否有人会在你的领导之下获得成功。当一个管理者具备了幽默领导力之后，就能提高人格魅力，能帮助自身的领导方法和领导艺术更上一层楼。尤其是对管理者而言，想要让下属与自己同舟共济，幽默是一种很好的方法，可以让自身的形象更加人性化，更富人情味，给下属提供温暖和关怀。

综观国内外各大知名企业，很多优秀的负责人都具有幽默这个特质，甚至可以说，幽默是当代企业管理者必备的一种素质，能够让管理者以一种轻松的方式解决或者缓和矛盾，让工作气氛变得轻松自如，不再压抑，从而增强团队的凝聚力。

有些管理者不是不懂幽默，而是觉得身为团队的领导者应该保持不苟言笑的态度，其实这是一种误解。一个领导者需要做事认真、态度严肃，但并不是整天板着脸面对下属，幽默并不会影响管理者的威信，反而会促进个人魅力的提升。在沟通中以幽默作为工具，往往可以收获意想不到的效果。现在很多著名的跨国公司，从董事长总裁再到基层的部门经理，都将幽默纳入日常管理活动当中，甚至将它视为一种培训手段。

既然幽默如此重要，那么到底什么才是幽默呢？客观地说，幽默这个尺度很难把握，因为每个人对事情的感受程度不同。通俗地讲，就是每个人的笑点有区别，遇到同样的事情，有过类似经历或者感悟可能会发笑，而缺乏相关经历和感悟的人也许会无动于衷。不过，这并不意味着幽默这种武器不好掌控，只要管理者尝试着学习和体验，还是能够掌握一些要领的。

有一句话叫作："能每天对着镜子微笑的人，就会有幽默感。"简单地说，幽默是人们日常生活的总结和积累，多看书，多和有意思的人打交道，自然而然会具备一定的幽默感。有人曾说过：历史上所有最荒谬的事情只有人才能干出来。只要抱着虔诚的态度去学习，幽默并非是一件难事。

幽默对管理者的领导行为和领导风格能够起到有效的推动作用，甚至决定和影响了一个管理者的处事风格。比如，是否执着坚定、是否公正诚信等。那么，幽默对领导力的提高有哪些具体帮助呢？

第一，幽默能够打破陌生感，拉近关系。

美国前总统林肯就是一位善于使用幽默的沟通达人。一次他会见某国的一位总统时，还未曾握手就说道："啊，原来我的个子还没有你高，怎么样，当总统滋味如何？"对方听了之后觉得有点尴尬，就问林肯："你说呢？"林肯回答说："不错，像吃了火药一样，总想放炮。"林肯通过幽默的方式化解了对方之前对立和敌视的态度，消除了对方的戒备心。

管理者面对下属的时候也可以使用幽默，特别是在面对新下属时，由于对方刚进入团队，对工作环境比较陌生，这时候管理者可以多说一些幽默诙谐的话。比如，管理者可以这样对新下属说："你刚来公司可能不太愿意和大家沟通，不过有一些女同事已经偷偷向我打听你了，我建议你多和她们接触接触，免得让我尴尬哈。"用这样幽默的方式，就能够暗示新下属“要加快适应新环境的速度”，比一本正经地教育对方要好得多。如果管理者认为不好把控幽默的尺度，可以将团队中某个人闹出的一些小笑话跟新下属讲，这样既能让对方缓解焦虑，也有益于帮助对方了解团队的人和事。比如，可以这样说：“你知道公司的××，他和你个性一样倔强，不完成工作都不吃中午饭，你可以多跟他聊聊，以后中午吃饭就有伴儿了。”这种诙谐的介绍方式，能让新下属尽快了解团队成员，消除陌生感和距离感。

第二，幽默能够帮助人脱离困境。

无论是职场工作还是人际交往，都难免会遭遇一些尴尬场面，轻者冷场，重者可能会陷入僵局，甚至会破坏掉彼此的信任，这时候如果以幽默为手段就能让人摆脱困境，维系或者增进彼此的好感。

英国前首相威尔森参加竞选时，台下忽然有一个捣乱者打断了他的演讲，骂威尔森是“狗屎”和“垃圾”。如果换成是别人，可能会直接骂回去，但是威尔森没有这样做，他面对捣乱者微微一笑，平静地说：“这位先生，我马上就要谈到你提出的脏、乱、差的问题了。”结果，那位捣乱者当即一愣，不知道该如何应对，顿时就哑口无言了。

团队中难免会有一些类似的捣乱分子，他们可能会不顾场合、不顾及情面地说一些放肆的话，这时候管理者也要学会随机应变，转移话题或者注意力。如在开例会的时候，有下属认为上个季度的奖金分配得不合理，突然插了一句说：“领导，请你解释一下什么叫按劳分配，因为咱们公司没发生过这种事。”面对这种有技巧的质问，管理者可以这样回答：“咱们公司确实没有过按劳分配，我们都是按照忠诚度、贡献度这些指标来分配的，而不是说看谁流的汗最多，因为现在毕竟不是夏天。”通过这种顺水推舟的方式，巧妙地分解“按劳分配”这个概念，将下属提出的分配不均的问题又踢回给对方，摆脱了困境。

第三，幽默是提高团队认识的有效方法。

如果一个管理者运用幽默技巧得当，就能减少下属和团队的意见分歧，统一认识，化解矛盾，让团队成员朝着一个方向共同努力。特别是在发布团队大政方针的时候，管理者要学会在沟通的过程中适当加入幽默元素，这样才能减轻话题的沉重性，还能够激起下属认真倾听的兴趣。

比如，当管理者要发布年终总结报告和下一年度计划时，也许要公布一大串数字，可能会让下属提不起兴趣，这时为了缓解这种负面气氛不妨这样说："下面我要公布一组业绩指标的数字，大家可以用这些数字投注彩票，据说中奖率很高。"当下属发出笑声之后，管理者可以借题发挥继续说："这些指标听起来让你们头疼，其实我念起来也烫嘴，但是只要我们实现或者接近这个目标，我们的钱包就自然鼓起来了，这不就相当于中奖了吗？"管理者只有善于统一团队成员的基本认识，才能为发挥领导力奠定基础和创造空间。

对于管理者来说，幽默要懂得节制和控制，不能随意使用，也不能将刻薄和讽刺当成幽默，要让下属感受到一种善意和亲切。想要成为一个受人欢迎的管理者，就要让自己变得心情愉悦起来，这样才能自然地从内心深处产生幽默感。有了幽默感作为沟通的助推器，就可以将管理者的指挥能力、协调能力、危机处理能力等必需的素质加强放大，最终形成让全体下属为之折服的领导能力。

2. 幽默能消除负面情绪

常言道：人生不如意事十之八九。职场上面对各种业绩指标难免产生工作压力，新下属有适应工作环境和崭露头角的压力，老下属有卫冕业绩和再创新高的压力，种种压力之下难免产生一些负面情绪，也许短时期内不会产生多大的负面作用，然而长期不得释放和排遣的话，就会影响到下属的工作状态，对团队的生产力和创新力造成严重的阻碍。

每个管理者都有不同的风格，然而都有一个共同点，那就是“成功”。这是一种综合素质的成功：成功的人际关系、成功的学习能力、成功的用人策略……除去这些管理者不同的思维方式和个性特征之外，还有一点就是都具有幽默感。幽默感不仅能够提升管理者的个人魅力和领导力，还能够帮助团队消除负面情绪。一个整天被业绩压垮的、只会唉声叹气的管理者是无法激励下属努力工作的，更不可能在团队中创造一种积极乐观的情绪氛围。反之，如果一个管理者具有幽默感，就能够产生一种神奇的力量，最大限度地激发下属带着动力去工作。

国外有学者认为，弗洛伊德的释放理论可以解释幽默对消除负面情绪的有效性，如能够减轻工作场所的压力、帮助下属理解管理者的意图以及激励下属等。一个优秀的管理者应当擅长使用幽默，要将幽默当成提升生产效率的武器。

据说美国的政界，每一个政客都要培养幽默感，甚至形成了一种观念：一个不具有幽默感的人是不配从政的。在“二战”胜利前夕的一次战役之前，美国将军艾森豪威尔正在莱茵河畔散步，突然走过来一个情绪沮丧的士兵，他见到艾森豪威尔之后变得紧张起来，不知道该怎么开口。艾森豪威尔问士兵感觉怎么样，士兵说他非常紧张。艾森豪威尔听了以后点点头说：“那我们可是一对了，我也同样如此，所以也走出来散步。”通过简单的几句话，就让士兵放松了心情，两个人很熟络地闲聊起来。

南非前总统曼德拉也是一个幽默的人，他曾经在非洲南部发展共同体首脑会议上获得了“卡马勋章”。曼德拉在获奖感言中说：“这个讲台是为总统们设立的，我这个退休老人今天上台讲话，抢了总统的镜头，我们的总统一定很不高兴。”话音一落，大家都笑了起来，结果在正式发言时，曼德拉的演讲稿次序错了，只好重新整理，然而曼德拉却不以为然，他一边整理一边说：“我把讲稿的次序弄乱了，你们要原谅一个老人。不过，我知道在座的一位总统，在一次演讲的时候也曾把讲稿的次序弄乱了，但他却不知道，照样往下念。”会场气氛顿时变得欢快起来。

曾经有这样一组实验数据：美国科罗拉多州的宾馆员工们，在观看幽默录像并参加幽默计划的活动之后，他们原本的低落情绪一瞬间下降了30%，而工作满意度却提高了75%。从这个角度看，幽默不仅能帮助一个人笑口常开，更能让整个团队的气氛发生变化，可见幽默管理在现代企业管理中的重要性。一些人认为，社会的文明程度将和幽默水平呈正比关系。

那么，幽默在消除负面情绪时有哪些作用呢?

第一，缓解下属的紧张情绪。

在职场上难免会遭遇一些紧张尴尬的气氛，这不仅存在于管理者和下属之间，也存在于下属和客户之间以及团队内部，特别是在召开一些重要会议时，气氛很难变得轻松活跃，这种紧张的状态会在一定程度上影响下属的思维，让他们无法发挥正常水平，也会影响彼此的沟通。因此，管理者应当学会在下属紧张时尝试着调节一下气氛。如在正式开会之前讲一个和职场有关的小笑话或者发生在团队内部的小笑话，这样能够帮助下属缓解紧张的心态，保持清醒的头脑和正确的思路。

比如，当团队需要完成一项艰巨的任务而召开了一次动员大会时，管理者可以在开会前这样说：“听说你们都不愿意来开这个会，其实我也一样，不过我还是顶着压力来了，因为我想看看到底能来多少人。”简简单单的一句话，既能够直言不讳地指出团队面临的现实压力，也通过幽默的方式提醒下属：不要畏惧困难，只有勇往直前才能笑到最后。

第二，能够帮助下属消除戒备心理。

职场上牵涉到很多利益链条，所以下属和下属之间、下属和管理者之间，难免存在互相提防和戒备的心理，这种状态虽然符合客观事实，但是对团队的整体气氛带动非常不利，也是产生内部矛盾的源头。作为管理者，应当尝试消除下属的这种心态，在和下属沟通时，可以说一些有趣的小故事。

比如，管理者和下属谈论如何攻下一个客户时，管理者可以讲一讲发生在自己身上的事情："当年我还是一个业务员的时候，有一次约客户吃饭，结果走得太匆忙忘带钱了，就让一个朋友偷偷给我送钱来，结果让客户看到了，客户就问我第二职业是不是放高利贷的，我说是，客户马上跟我签了合同。"这样一个小笑话即便不能让下属开怀一笑，至少也能减少他们对上级的戒备心理，让他们意识到自己的上司也是从基层做起一步步走过来的，有利于团队的合作。

第三，有利于团队建设。

一个团队如果缺乏正能量，缺乏正向的情绪状态，会直接影响到每一个成员的工作效率，所以管理者应当尽量避免团队陷入负面情绪中，要学会带动气氛，让下属和下属之间多开开玩笑，或者增添一些小娱乐节目，增进彼此的感情，这样有利于培养团队的协作意识，也能够形成健康的团队文化和良好的协作关系。有的管理者将管理的重点放在如何与下属建立关系上，却忽视了下属之间的关系改善问题，结果造成了一种畸形的现状：每一个下属都对管理者是忠诚的，然而每一个下属和其他下属却是对立关系。在这样的人际关系环境中，下属们再对管理者效忠还有意义吗？

当管理者发现团队中的人际关系出现不和谐的插曲时，不如将产生矛盾的下属集中到一起，开个茶话会，改变对彼此的看法。比如，管理者可以这样和他们沟通："你们的私人关系好不好本来不是我该管的，但是我怕你们真的打起来我新买的桌椅板凳要被砸坏，你们看能不能先存点押金？"用这种幽默话术，既能给下属留面子，还能帮助他们认识到团结统一的重要性。

第四，能够消除负面信息的负面效果。

任何一个团队的发展都不可能是一帆风顺的，总要面对各种意外：经济环境的恶化、市场环境的剧变、国际市场的动荡等，除去这些客观因素之外，还有一些负面事件是源自团队内部的，比如裁员、降薪、搬迁等，有很多是难以避免的。那么，当团队遭遇这些负面状况之后该怎么办呢？是直来直去，还是婉转幽默一点好呢？

比如，某公司由于业务方向调整的关系要缩减人员，管理者不可避免地要向大家宣布这个消息，如果实话实说显然会影响团队的士气，所以不妨采用幽默的口吻说出："我们团队最近需要'减肥'了，大家都知道减肥是一个痛苦的过程，那些替我们承受这种痛苦的人，无论在不在我们身上，我们都应该感念他们一辈子。"用减肥来比喻裁员，可以在一定程度上减轻大家对裁员的恐慌情绪，最大限度地稳定"军心"，避免横生枝节。

第五，能够带动团队士气。

团队成员都希望积极乐观的上级带领自己冲破难关，而巧妙合理地运用幽默感，是最能够激励下属的手段。因为幽默可以在无形中赋予人们更强大的力量，能够让下属保持积极向上的状态投入工作。相反，如果管理者不懂幽默，只是一味强调某某指标必须完成，不但无法产生激励效果，而且会让下属更加反感，特别是在团队进入困难时期之后，幽默对消除负面情绪的作用十分突出。

管理者应当清楚，团队需要幽默来随时调控情绪，确保团队成员的心理处于正向、健康、积极的状态中，让他们集中精力，全身心地投入工作中。作为一种精神上的沟通手段，幽默是零成本的，也是无价的，比动辄就要依靠的物质奖励手段好得多，因为任何一个团队都无法保证永不遭遇财政赤字和危机，当物质奖励缺乏资金来源时，适时的、高明的幽默就能起到弥补作用，让团队成员保持心情愉悦的工作状态和乐观积极的生活态度；当团队遭遇发展困境时，将全体成员从负面、消极的情绪中解救出来，驱动整个团队连成一心，形成以管理者为核心的战斗集体。

3. “幽默+沉默”的沟通更有效果

幽默是管理者和下属的沟通利器，但这种利器不要盲目使用，也不能滥用，要懂得掌握时间场合以及分寸，甚至在很多时候需要用其他沟通方式和幽默进行搭配，效果可能会更好。比如，用沉默和幽默相结合的方式，不仅能够帮助管理者解决一些棘手的难题，还能强化沟通效果，起到锦上添花的作用。

人们常说沉默是金，身为一名管理者，始终要保持一种少言寡语的状态，也就是说不要喋喋不休，因为说多错多，你自以为是的口若悬河可能会引起下属的不满，因为他们会从你的言谈中挑出很多纰漏，而且对于以幽默作为沟通手段而言，只有配合沉默才能起到“语惊四座”的作用。试想一下，一个喋喋不休的人想要在他人意想不到之际引爆一个笑点是很困难的，因为人们会对他的口若悬河产生抵触和麻木的心理。但凡是那种唠叨的管理者，很容易让新下属认为你婆婆妈妈、不够爽快，而那些熟悉你的老下属，也会觉得你不够尊重对方，所以最恰当的沟通方式是保持沉默，这样，当你展示自身的幽默感时，才会加强沟通的效果，凸显智慧。

美国电话公共部的前行政主管卡普尔，在一次主持股东会议的时候，参加会议讨论的人非常激动，气氛越来越紧张，大家频频对卡普尔发难。其中有一位女股东不断地质问电话公共部在慈善事业方面的捐款，她认为之前捐得太少了，应该捐得更多些，于是咄咄逼人地问："部门在去年一年中，用于慈善方面有多少钱？"一直保持着沉默的卡普尔这时才开口说："有几百万美元。"结果女股东马上说："我想我快要晕倒了。"卡普尔随即接了一句："真那样倒是好些。"这句话说出口，在场的很多股东包括质疑卡普尔的人都笑了出来，让一度充满火药味的气氛终于得到了缓和。这时，卡普尔说道："这个部门重视人性的需要。我们的确关心，并且分享彼此的关心。"

在这个案例中，卡普尔开始面对大家的质疑时，没有马上做出回应，而是默默地听着、忍受着，让大家将心中的不满意之处都释放出来，他才有机会了解每个人的想法并琢磨如何回应这些质疑，当那位女股东将矛头直指他之际，卡普尔运用幽默的手段直接化解，让会议的风向发生了逆转，维护了他的尊严和形象。

既然幽默+沉默的沟通手段如此有效，那么管理者应当在什么场合下使用这种话术呢？

第一，在交代任务时。

在和下属沟通时，管理者要言简意赅地表明你的意图，然后搭配上几句幽默的话，这样传递信息的效果能够得到加强。比如，管理者想要下属去某地会见客户时，可以这样交代任务："下午3点你在和光大厦301室见客户，带上我们的策划书。"交代完任务之后，面对下属可能有些紧张的状态，管理者不妨再加上一句："别忘了品品他们公司的茶，非常好喝。”这样的沟通方式胜过絮絮叨叨说一大堆，再穿插一个小笑话，更能够让下属准确掌握笑点。另外需要注意的是，在分配完任务之后，管理者要留给下属思考的空间，这时不要再讲多余的话，因为下属需要构思如何与客户沟通以及会面对哪些问题，当下属发现了一些自己不能单独解答的问题时，你们两人可以一起商量，共同决策，形成一个完整的会见计划，提高成功率。

第二，在解决矛盾时。

团队中各司其职，员工之间的利益难免会产生冲突，当下属之间发生了矛盾，来到管理者面前要求裁决的时候，管理者不要马上发表自己的意见，而是要用沉默和幽默的方式来回应。因为争执双方都会站在自己的角度去看对方，他们所罗列出的证据也有很大的局限性，要想获得公正的裁断，管理者需要征求第三方的意见，但是对下属想要获得公正裁断的要求也不能置之不理，这样可能会激化矛盾，不利于团队的统一。遇到这种情况，管理者不妨先一言不发地听完他们抱怨，然后说：“你们先回去喝点水润润嗓子，在我没调查清楚之前可能还要继续吵两个回合。”用这样的话术，既表达了管理者没有最终认定哪一方是责任方的态度和立场，同时也缓解了下属之间的不和谐气氛。

第三，在面对谣言时。

团队中总有些人喜欢搬弄是非，无中生有地散布一些谣言，或者是因为一些误解产生了偏见，那么当下属将这些谣言或者偏见反映给管理者之后，管理者该如何面对呢？这时候仅仅保持沉默是不够的，因为这会传递出两种信号：一种是管理者对谣言不管不问，另一种是管理者心中有数却不愿明说。如果是这样，传谣者可能会将管理者的态度告知给他人，引起更多人的猜测和非议，导致谣言的危害性进一步扩大。

遇到这种情况，管理者应当采用沉默+幽默相结合的话术来应对。比如，管理者可以先一言不发地听完传谣者讲述，随后说：“这个故事很有意思，我好好回味一下再跟你讨论。”运用这样的话术，能够让传谣者意识到管理者反感的态度，同时也保留了对方的面子，可以起到减轻负面效果的作用。如果管理者对待每一个谣言和偏见都是这种态度，时间一长，自然就少有人会关注那些无中生有的消息了。

第四，在身陷争论时。

虽然管理者在团队中是核心领导，但也不能排除有些下属敢于和管理者发生争论，那么当双方产生冲突时，管理者当然不能凭借职位的高度去打压对方，这样容易在员工心目中形成专横跋扈、不愿意听取谏言的负面形象，不利于带好团队；而且从另一个角度来看，管理者未必永远正确，也会存在走入认知误区的情况，这就需要管理者给自己留出时间反躬自省。当然，如果和管理者争论的下属懂得点到为止还好，倘若遇到得理不饶人的该如何处理呢？还是要采用沉默+幽默的组合方式，对方想要发火就让他继续说，说得越多就会暴露出越多的问题，旁观者清，其他下属自然会看清事实的真相，等到对方说得差不多了，管理者可以适时地插入一句：“我忘带笔记了，等我回去取一下。”用这种幽默的话术让自己脱离现场，等待个三五分钟，即便没有其他下属劝阻，争论的那位下属也会见好就收或者彻底冷静下来，这才是正确的话术策略。

管理者的沉默手段相当于让下属面对寒冷的“冬天”，他们会有短暂的清醒时间，能够相对客观地认识自我，但是如果只有“冬天”，下属必然会心寒，就不会和管理者、团队培养良好的关系。管理者的幽默手段，好比是让下属进入舒爽的初夏，下属会觉得心情愉悦，会弱化纠缠在心中的一些心结和抱怨，如果将“寒冬”和“初夏”相结合，就会让下属充分释放负能量，冷静、理性地看待问题和解决问题，这才是沉默+幽默双管齐下的作用所在，也是打开下属心灵闸门的钥匙。

有的管理者懂得幽默，无论是讲话还是做报告，下属都喜欢洗耳恭听。他们能够使用生动的语言打动每一个人，在做思想工作时能产生良好的效果，无论下属多么固执都能最终认识到自己的错误。归根结底，这都是合理使用“幽默+沉默”沟通话术的功效。

很多时候，沉默不仅仅是给对方表达想法提供时间，更有吊起对方胃口的作用，也能体现出管理者的成熟稳重。因此在一些特定的场合，单一地使用幽默作为话术策略往往不能达到预期的效果，反而会让下属觉得这种幽默很廉价和做作。只有学会审时度势，准确地判断对方的思想动态，才能选择最有沟通效果的话术。能够将沉默+幽默相结合使用的管理者，会在日常的管理工作中充分协调和下属的关系，带领团队攻坚克难，扫除一切障碍。

4. 用幽默激发下属的创造力

一个团队能否发展壮大、能否走得长远，跟它是否具有创新精神和创造力有着密切的联系。缺乏创造力的团队，只能将模仿和循规蹈矩作为生存策略，永远不会引领行业潮头，甚至会因为同质化竞争而被市场淘汰。作为管理者，有责任将自己的团队培养成具有创造性的战斗群体，而幽默恰恰就能产生这种效果。

幽默为何能产生创造力呢？这是和幽默的基本原理有直接联系的。对于幽默的概念，有一种理论的解释是：幽默违背了常理，也就是和人们一贯的认知经验产生了巨大的冲突，换个角度看，幽默就是用创造力去颠覆我们旧有的认知体系。由此可见，当团队的管理者掌握了幽默的技巧之后，就加深了对创造力的理解，也会带动下属创新能力的提高。通常，幽默在激发创造力时主要体现在三个方面。

第一，启发下属的主动性思维。

幽默具有启迪智慧的作用，富有幽默感的管理者，能够给下属创造相对和谐、轻松的工作氛围，聚集一批愿意为管理者工作的、忠诚度高的下属。因为幽默本身具有强大的吸引力，它可以跨越地域、种族和文化的鸿沟，能够开启人们的主动性思维。如果一个管理者愿意多讲一些有内涵的笑话和充满智慧的幽默故事，就能促进下属创新意识的觉醒，调节他们的心境，提高他们对工作的热情。

比如，当管理者和下属讨论设计何种企业LOGO才能让客户满意的时候，为了开启大家的思路，可以找出各种形象的企业LOGO给大家看，趁着大家都在构思琢磨之际插上这么一句："我们的客户是食品厂，所以我想他们只对有食欲的LOGO有兴趣，你们设计完之后给别人看看，对方如果不流口水就重新设计。"虽然这句话表达的笑点通俗易懂，并不需要下属耗费脑筋去参悟，但是却给下属提供了一个思考的立足点：只有站在客户的立场和角度去分析，才能精准定位他们的需求，才能设计出让客户满意的LOGO。通过这种幽默的沟通话术，能够对下属的创新思维进行引导和开拓，让他们习惯主动地挖掘客户需求，最终找到创意的突破口。

第二，帮助下属建立开放性思维。

美国的欧文斯纤维公司，在改革时期需要解雇40%的员工，为了防止这些员工想不通闹事，公司特地聘请了幽默顾问，耗费两个月的时间对1600多名员工进行了有针对性的幽默计划。员工在参加了一些幽默活动之后，想通了自己即将被解雇的事实，重新认识现状，没在公司闹事了。这个案例从侧面证明，幽默能够帮助人开拓思路、变通思想。如果将幽默的这一功效运用在团队的管理工作中，就能帮助下属养成转换思维的工作习惯和能力，让他们跳出传统思维的束缚，产生创造力。

比如，当团队中开始商讨年会如何筹办的时候，大家可能会不由自主地和往年的年会做对比，这是缺乏创新性的表现，如果不及时纠正就会形成一种惰性思维，会在工作中起到阻碍作用。管理者必须加以引导，可以通过幽默的方式来表达：“你们如果像讨论春晚那样讨论年会，我相信你们能找到很多槽点，所以我们真的要复制去年的模式？”这种幽默方式是在暗示下属：不要忽略上一届年会存在的缺点，要发现缺点并构思出能超越它的创新点，这样才能策划出一场形式新颖、意义非凡的年会。如果管理者不用幽默的方式引导，而是直接批评下属懒于思考，效果会弱化很多。

第三，激活下属的创造性思维。

主动性思维和开放性思维，都是创造性思维的基础。林语堂认为，幽默意味着机智，其表现形式、表现角度、表述方式都非同一般，需要扩散性思维和逆向思维，才能产生与众不同的思路，达到触类旁通的效果，进而打开创新之门。林语堂的话恰恰证明了幽默和创造力的关系：一个能够让下属时刻感受到幽默的团队，自然会潜移默化地影响他们树立创新意识。

心理学家爱丽斯·伊森曾做过一项测试，发现那些观看幽默喜剧片的人比观看数学教学片的人创意性更强。伊森最后总结说：“心情愉快时，人的创造力更强。因此，不应该忽略为员工创造幽默、愉快的工作环境。”

比如，当团队的某个产品设计遇到了瓶颈，设计师和产品经理的意见又不统一，其他下属也是各有各的看法时，面对这种棘手的情况，管理者要让大家充分激活创造性思维，这样才能突破瓶颈，产生创意拐点。不妨这样沟通：“既然大家意见不统一，各说各的理，我们不如‘猜丁壳’决定胜负吧。”当大家会心一笑之后，管理者可以接着说：“其实我们都是掉进了自己的思维陷阱里，所以先不要急于否定别人，先否定自己，说不定就有了新的角度。”通过这种幽默的交流模式，能够开启下属的创新思维，具有很强的实用性。

美国沃尔玛公司十分重视员工的工作环境，总是给他们提供最宽松的环境，这不仅是为了缓解员工的压力，也是最大限度地激发他们的创新能力。沃尔玛一年一度的馅饼竞吃大赛，就是某位员工情急之下想出的创意点子。那是1985年的时候，一家位于亚拉巴马州的分店经理助理在订货时犯了错误，多订了四五倍的馅饼，这给他出了难题：这些馅饼既不能退货，又不能长期保存，该怎么处理才好呢？如果换成是其他公司的员工，估计也就是用低价处理的办法解决问题，然而沃尔玛的员工长期被幽默文化熏染，养成了机智诙谐的个性，于是这位经理助理想出了吃馅饼大赛的主意，不仅没有让公司蒙受损失，反而让这个赛事成为沃尔玛每年秋季的一件大事。粗略统计，这给沃尔玛带来了600万美元的销售额。

现在很多企业发现了幽默对提升创造力的作用，于是诞生了“幽默管理”这一新词汇，它的定义就是力求在团队中设计和创造一种良好的幽默环境，让员工高效率地完成一些既定的目标。既然幽默都被纳入团队的管理工作中，那么管理者就要了解幽默的心理结构模式，才能掌握幽默的技巧，主要包含两个方面。

第一，幽默暗示的指向会产生改变，造成人们心理预期的落空。也就是说，给听话者故意造成一种误导。比如，管理者在提到这个月的业绩指标时，突然话锋一转：“下面我说一下这个月食堂的业绩指标，每个人必须消灭掉××斤的粮食……”这样一说，下属肯定会感到困惑不解，这时管理者可以揭开真相：公司食堂饭菜浪费严重，造成了额外的损失。运用这种话术，既巧妙地说明了问题又产生了幽默的效果。因为在现实生活中，我们提到“业绩指标”时只能想到和工作内容相关的定义，现在将“消灭剩饭、剩菜”也当成“业绩指标”，这就是一种心理预期的落空。

第二，幽默语言的现实组合与惯常的语言规则和社会习惯相背离，产生一种经验和现实存在激烈碰撞的效果，也就是说要让听话者有“被颠覆”和“被洗脑”的感觉。比如，管理者在开早会时提到下属有迟到早退的现象，为了产生幽默效果可以这样说：“以后我们要对迟到的员工进行奖励。”话说到这儿故意停顿一下，下属必然会感到震惊和不解，这时管理者再做出解释：“奖品就是本公司卫生间豪华清洗10分钟。”因为在人们惯常的定义中，“奖励”是被视作正向的词汇，现在将打扫卫生说成是一种奖励，而且还是“豪华清洗10分钟”，和现实中的“豪华三日游”形成了鲜明的对比，自然达到了幽默的效果。通过这种方式，既给了那些迟到早退的下属面子，又让他们意识到不应该犯错。

幽默是一种具有创造性和创新性的话术技巧，管理者只要掌握了如何产生幽默的诀窍，就能够掌握随机应变的本领。当团队遭遇意外变故时，当下属不服从命令时，管理者都可以将幽默当成武器，像沃尔玛的那位经理助理一样，打开思路，变废为宝，扭转逆境，创造奇迹。

5. 缺乏工作动力，试试幽默沟通

现在很多企业都十分看重对员工的励志培训，因为一个只知道拿工资干活的人，是无法推动团队获得更辉煌的业绩的，而励志的核心就是增强员工的工作动力，让他们形成自主工作、自主学习和自主反省的良性心理状态。相对地，工作动力强的下属更容易沟通和管理，因为他们知道自己的需求是什么，也能够理解管理者的良苦用心。

管理者和下属的幽默交流，能够对下属的工作动力产生激活和驱动的作用，这也是使用幽默作为沟通话术的关键。如果无法起到激励下属工作的作用，就只能变成无聊的玩笑而已。在日常生活中，人和人之间的幽默交流如果内容积极向上，也能创造出积极愉快的氛围，如果换在工作场合，这种作用会带动整个团队产生强大的工作动力。

有的管理者认为幽默很难运用，其实在日常工作中就有很多被我们忽视的幽默故事。管理者可以从一些幽默故事集或者网络上的小段子里寻找和工作有关的幽默故事，从各个角度激发下属的工作动力。

著名导演希区柯克在执导一部影片时，一个女明星多次向他提出了有关拍摄角度的问题，一再强调要让她以最美丽的侧面展示自我，然而希区柯克却说："很抱歉，我做不到！我们拍不到你最好的一侧，因为你把它放在椅子上了。"这句话说完，女明星顿时收敛了很多。

在日常工作中，下属难免会产生一些抱怨，管理者可以学着希区柯克的方式去打消他们这种抱怨，让他们将注意力转移到工作中去，但是要注意不要过分讽刺，点到为止即可。当下属收起抱怨之心以后，自然能够提升工作的动力了。

一位哲人曾经说："当别人取笑你时，就笑你自己吧！" 美国前总统肯尼迪就是一个擅长用幽默表现自己亲和力的人。1962年，他和夫人杰奎琳共同去法国访问时，肯尼迪夫妇被要求介绍自己并发表他们对法国之行的看法。起初肯尼迪没有回答，后来当他在夏乐宫被问到同样的问题时，他没有使用官方的回答，而是笑着说："本人是一位陪同杰奎琳·肯尼迪来到巴黎的男士，为此，我感到十分荣幸。"

自嘲式的幽默，能够让管理者和下属的关系更亲密，也能增加幽默的笑料，当然这并不是说管理者要将幽默的中心放在自己身上，而是要通过关心下属的方式跟大家一起开玩笑。作为管理者要明确一件事：不管你怎样去做，都不要期望每一次开玩笑或者讲笑话都能让下属发笑，因为这并不是一件容易的事情，在你将幽默的才能运用到下属身上之前，要提前用心装点一下。

比如，有下属说这个月的销售数量在图标中达到了前所未有的高度，不过是倒着看出来的。这句话体现出下属对销售业绩的心灰意懒，管理者要及时终止这种抱怨，所以可以这样说："有人认为我这个人很固执，因为我说过每个字只能有一种写法。"这种幽默方式就是在回应下属的颓丧之心，暗示销售业绩虽然很差，但是不能因此放弃，整个团队还要再接再厉，争取在下个月达到目标。

只有消除了下属的抱怨，才能为他们指明奋斗的方向，给予他们努力工作的信心和勇气。管理者要通过幽默的话术鼓励下属，可以将重任托付给他们，从而减轻自己的负担，将更多的时间和精力用在筹划更重要的事情。

幽默不仅能够帮助下属减负，也能为管理者拓展不一样的前途，管理者会因此得到下属的认可，会感受到你的坦诚和锐意进取。曾经有一位企业家认为，幽默感对于主管人员十分重要，它是表明一个主管是否具有活泼、弹性心态的重要指标。一个具有幽默感的人，不会将自己看得太重，会顾全大局，因此更容易做出准确的判断和决策。

管理者可以通过幽默的口才去了解和激励下属并影响整个团队，也能够创造出一种力量去了解自己并接受自己。身为管理者十分有必要通过幽默感来培养一种韧性，用幽默的口才和下属交流沟通，这样才能给别人留下美好的印象，这对管理者日后的发展非常重要。为了实现这个目标，管理者就要勤于观察，多寻找在职场中发现的、光明的一面，为你的幽默积累必要的素材。

身在职场，每一个下属都渴望在事业上获得成功，而幽默能够激发和调动下属的这种积极性。一个具有工作积极性的人通常都具备两个特征：第一，愿意和他人分享快乐；第二，对他人坦诚。要想具备这些特征，一个人就必须有幽默感，因为只有幽默才能帮助人把快乐分享给别人，哪怕双方有不同的观点和不同的兴趣。

20世纪初，一个名叫布劳尔的人出任了美国钢铁公司的董事长，引起了很多人的艳羡，于是有人问他：“你对担任这个职务有什么感想呢？”布劳尔回答说：“没有什么，既没有那么高兴也不准备庆祝，只不过像是打胜了一场球。”布劳尔对获得的荣誉总是用平常心对待，并没有居功自傲的意思，因此他得到了下属们的拥戴和支持，而这正是通过他的幽默感来强化他的个人形象。

亨利在26岁时出任了福特汽车公司的总负责人，当时公司每月亏损高达900万美元，他上台之后马上开展了一系列的创新和改革，扭转了公司的不利局面。然而，在大刀阔斧改革的同时，亨利也犯了一些错误，有人问他：“如果让你从头做起的话，会是个什么样子？”亨利说：“我看不会有什么非同寻常的作为。人们都是在错误和失败中走向成功的，因此，如果让我从头再来的话，我只能犯一些不同的错误。”亨利的这番话既说出了事实，又点出了一个真相：人如果怕犯错误，只会距成功越来越远。

如果管理者能运用亨利的这种幽默智慧，就能警醒一些下属：他们谨小慎微地工作，因为怕遭到上司批评而不敢尝试创新，结果一无所成。管理者应当让团队中的每一个成员都有一往无前的勇气。

有一个公司的秘书，日常工作是负责帮助经理接待客户以及接打电话等琐碎的工作。一天，一个陌生的客户打电话过来，用命令的口气对她说要跟经理说话。女秘书客气地回答：“能不能告诉我，您是哪位？”结果对方说话带着火气，强烈要求经理接电话。于是女秘书只好委婉地说：“很抱歉，经理的电话都是我‘过滤’后再转给他的。”最后对方只好说出了他的名字和电话，后来经理得知这件事之后，对女秘书更加信任了。

管理者应当尝试让下属放松心情，减轻工作压力，这样才能激发对工作的兴趣，产生足够强大的工作动力，人心所向，才能推动团队实现战略目标。

6. 幽默赢得人心

俗语有云：得人心者得天下。一个团队是否和谐统一，关键在于管理者是否赢得人心。赢得人心的管理者，下属就愿意为其效力，团队就充满了正能量。反之，不能赢得人心的管理者，下属只会遵循“上有政策下有对策”的江湖原则，得过且过，只打自己的小算盘而忽视团队的整体利益。

很多管理者也明白赢得人心的作用，却找不到赢得人心的方法，有的只能依靠物质奖励手段，认为钱给足了，人心就聚齐了，其实这是错误的认识：如果有别人给的钱比你多，人心岂不是就散了？更何况，频繁的物质奖励只能增加下属的胃口，也不符合现实。那么，有没有不依靠经济手段而赢得人心的办法呢？有，那就是幽默。

幽默能给管理者带来意想不到的吸引力。管理者可以通过幽默来展示自己的机智、善良和正直，能够超越时间、空间以及其他因素的限制，将团队成员都集中在自己身边，成为一个受到下属尊重和欢迎的管理者。

人人都喜欢和有幽默感的人做朋友，即便是面对地位比自己高的上司，大家也喜欢开朗、幽默的类型，不会喜欢死板、木讷的类型。有幽默感的管理者通常都有很强大的亲和力，如同一块磁石一样吸引人。只要掌握了幽默这个技巧，管理者就能够游刃有余地管理下属。

举个例子，当团队中有一个职位空缺时，必定会有很多骨干分子跃跃欲试，当管理者成为这个职位的负责人之后，可能会引起一些元老级人物的不满。这时管理者就需要改变自己的处境，重新赢得人心，最佳的方法就是以幽默为手段。管理者可以在就职演说上这样说："我们部门能人很多，据说谁当上这个部门的负责人都对其他人不公平，所以公司只能要我这么一个傻人。我就像是一个蜡烛的芯，虽然看起来很明亮，又在蜡烛的正中央，但是我自己不能燃烧，只能依靠周围的蜡油才行。所以，我希望各位能够配合我的工作，千万别把我烧焦啊。"

用这种幽默的话术，管理者能够缓和上任之后被一部分人怀疑和敌视的尴尬气氛，还能够展示出自己的个人魅力，迅速地赢得一批新下属的好感。只要管理者把下属逗得开心了，再安排下属干活就容易得多，甚至可以将其中一部分人转化为更为亲密的朋友关系。幽默能够化解人和人之间的矛盾，也能够冲淡团队中的意见分歧，有利于工作的展开。

有心理学家这样评价幽默的作用："幽默可以润滑人际关系，消除紧张，减轻生存压力，把我们从各种自我封闭的情况中解脱出来，使我们寻得益友，增强信心，在人生的道路上知难而进。"

优秀的管理者不仅需要展示出自己认真严肃的一面，也要展示出幽默风趣的一面，从而为自己营造平易近人的形象，让下属心情愉悦，沉浸在快乐的工作氛围中，从而对管理者产生更深厚的依赖和信任感。

有这样一个故事，一个工厂的车间主任和工人一起顶着倾盆大雨卸货，大家都淋得满身是水，这时车间主任擦了擦脸上的雨水对工人说：“今天晚上我们必须聚餐，而且要加一道新菜。”工人们都表示听不懂，车间主任说：“清蒸‘落汤鸡’啊！味道肯定棒极了！”一番话让所有工人都笑了起来，暂时忘却了工作的劳累。大家都认为跟着这样的领导干活是一件很快乐的事情。

幽默代表着一种智慧，而具有这种智慧的领导者，能够产生强大的号召力，能够在最短的时间内赢得最广泛的群众基础。在日常工作中，如果管理者或者某个下属陷入尴尬的气氛中，这时如果说一个小笑话就能够活跃气氛，化解尴尬的场面，让大家都能轻松愉悦，最大限度地赢得下属的尊重和追随。

管理者可以通过幽默感让下属觉得被关注和重视，这样才能让他们和团队产生稳固的黏着性，从而增强对管理者的信任度以及对团队文化的认同。在上下级关系中，最可怕的破坏手段就是轻视、漠视对方，只有让下属感受到被尊重和关怀，他们才能死心塌地地跟着你一起工作。

用幽默去凝聚人心，需要注意场合和内容，恶意或者低俗的幽默，不仅不能聚拢人心，反而会起到相反的作用。当团队中来了新下属之后，他们肯定会对手头工作不熟悉，却因为人生地不熟，不好意思轻易向别人讨教，这时作为管理者就要主动指点他们，这样一个看似微小的举动能让他们铭记终生。比如，一个新下属来到团队之后，因为陌生不好意思向新同事开口询问一些问题，管理者发现之后可以这样对新下属说：“你有不懂的可以问我，不要觉得不好意思，我这个人就喜欢不懂装懂。”通过这样的方式能够打消彼此的陌生感，让新下属和管理者建立比较默契的合作关系。

凝聚人心其实就是和下属打成一片，幽默的管理者天生就有这种人格魅力。在美国的芝加哥，有一个专门制作和发行有关幽默训练方面电视片的机构，为上万家美国公司提供幽默服务，尤其是针对一些企业的管理者——他们无论工作多么忙碌都会抽出时间学习幽默管理。根据相关研究发现，有幽默感的管理者更有人性化的形象标签，十分受下属的尊敬和喜爱。

有的管理者认为幽默只是小把戏，或许幽默确实不是什么高超的技艺，但是能够让下属开心，让下属不排斥自己，这对管理者而言就是最大的成功。

曾经有一个公司的员工经常迟到，上司将这位员工找来，没有直接批评他，而是笑着对他说："你经常迟到，应该都是闹钟的问题。所以，我打算给你定制一个人性化的闹钟。"员工听了之后没太明白，就问上司是怎么回事。上司解释说："好吧，我给你解释一下。它先闹铃，你要是不醒，它就鸣笛；再不醒，它就敲锣；再不醒，就发出爆炸声；还是无效，它就对你喷水。假如这些都叫不醒你，那它就会自动打电话给我帮你请假。"

这位上司用幽默的方式，形象地描述了这位员工迟到的状态，虽然没有直接指出迟到的危害，但是已经充分警醒了对方，让对方深刻地认识到自己的错误，这比直接批评更容易让下属接受，也能赢得对方的归属感和信任感。

管理者批评下属，原本是一件司空见惯的事情，但是在一些特定的场合中，直接批评对方往往效果不佳，所以不妨采用幽默的方式，让下属感觉到你是为他的面子考虑，同时也不回避他的错误，起到了恩威并济的作用，这样能够从下属的内心深处打动他，让他和你产生亲近感。

一位教师有个学生，天天泡在实验室里不出来，也不知道他到底在干什么。一天晚上，教师又看到这位学生在实验室里忙活着，就问他这么晚了还在实验室做什么。学生一脸骄傲地说自己在工作。教师问他白天在干什么，学生说他白天也在工作，教师又问他早上在干什么，学生说早上还是在工作。回答完老师的这些提问，学生本以为教师会夸奖他，谁知教师却反问一句："那你用什么时间来进行思考呢？"

这个故事给我们的启发就是，如果管理者遇到了只知道埋头苦干却从来不反思的下属，不如将这个带有几分幽默意味的故事讲给他们听，让他们意识到这种工作状态并不是值得提倡的。很多现实的案例证明：越是这种看似很努力的下属，越缺乏一定的创造力，他们仅仅拥有吃苦耐劳的个性，却不懂得观察和思考，不能为团队贡献创意。但是，这样的下属并没有犯错，直接批评他们是不合适的，可能会产生逆反心理，这时作为管理者不如用一个有趣的小故事或者小笑话去敲打对方，让他们明白你的良苦用心。

比如，当管理者吩咐下属要尽快打印出一份商业保密文件，如果下属没有尽心尽力，打印出了一份漏洞百出的文件，这时候如果贸然批评，对方可能未必会接受，不如这样说："虽然我告诉你这是一份商业保密文件，但你也没有必要如此认真听话，竟然看也不看，闭着眼睛把它打了出来。"管理者用这种幽默的话术不仅保住了下属的面子，也指出了他的错误所在，下属下一次犯错的概率就会小很多。

幽默管理之所以如此重要，是因为在当今社会，人心普遍浮躁，心理素质好的下属并不多。特别是一些年纪轻轻的下属，他们的抗压能力并不强，也许一言不合就转身走人，另谋出路。作为管理者如果不能掌握一些幽默的技巧，就不会知道该如何批评下属，团队管理也无从谈起。只有将幽默作为沟通的利器，管理者才能从容应对各种性格类型的下属，避免产生任何负面影响，还能给自己的形象加分，赢得人心。

7. 幽默能让下属接受批评

随着现代人的思想越来越开放和自由，每个人的个性特征都不同程度地得到了强化，甚至演变为一种趋近“自我中心”的现象：人们十分在意别人对自己的看法，也非常看重自尊心和存在感。从人性完善的角度来看，这种个性化是社会进步，因为自我意识的觉醒会增强一个人的独立认知，进而提升创造力。但是，随之而来又产生了一个新问题：如何批评并指正他人的错误又能让对方接受呢？

管理者和下属本身就存在着管理和被管理的关系，因此自然而然处于一种“人际落差”的状态中，也就是说他们很容易在问题的认识上产生意见和分歧，从而产生矛盾，处于一种对立和紧张的关系中，下属面对管理者总是不能敞开心扉，导致双方沟通不畅。正是出于这个原因，管理者需要通过幽默来缓和与下属的对立关系，这样才能够展现出管理者的个人风采，也有助于日常管理工作。

斯坦福大学曾经在学校网站上发布了一个视频，其中提到了一个现象：现在很多职场人士得了“缺笑症”。原来经过调查发现，婴儿每天平均笑400次，35岁以上的人每天却只有15次，可见人在进入职场之后是多么缺乏愉悦的心情。还有一份调查显示，人在周末发笑的次数比平时多，这恰恰反映了人们在工作场所的压抑。

沃顿商学院、麻省理工学院以及伦敦商学院等世界知名高校的研究证明，工作场合的笑声能够带来很多好处：比如缓解压力、驱走郁闷、提高员工的参与感和幸福指数以及增强员工的分析能力和工作效率。

既然现代人如此缺乏笑声，为什么管理者不能尝试给下属更多的欢笑呢？一个懂得幽默的管理者，是不会让下属和自己处于明显的对立状态的，他们会运用幽默的沟通手段弱化这种不协调性，将上下级之间的认知差异缩减到最小。当认识趋于一致的时候，只要采用幽默手段，管理者对下属的批评也会让对方接受，也就是说，幽默能促进下属和管理者的价值观保持一致。

运用幽默指出对方的错误，欧阳修是这方面的专家。当初，欧阳修和一个名叫宋祁的人一起编修《新唐书》，宋祁很喜欢用别人看不懂的生僻字来显示自己的博学多才。欧阳修十分看不过去，但并没有直接抨击他。直到有一次，欧阳修去探望宋祁时，宋祁不在，于是欧阳修就在宋祁的家门上题写了一句话："宵寐匪贞，札闼洪休。"宋祁回来以后，看不懂上面的字，百思不得其解，最后只好找欧阳修问个明白。欧阳修见到宋祁之后，看着他迷惑不解的样子顿时哈哈大笑，说："你忘了，这八个字是'夜梦不祥，题门大吉'啊！"宋祁听了之后，抱怨欧阳修为何用这些别人看不懂的字。欧阳修趁机反驳说："这就是您修唐书的手法呀！'迅雷不及掩耳'，多明白的字句，您偏写成'震雷无暇掩聪'，这样写出的史书谁能读得懂呢？"宋祁听了欧阳修的话，顿时为自己的肤浅和无知感到羞愧，当即表示愿意改掉这个毛病。欧阳修通过幽默委婉的话术，让宋祁自己也感受到了看不懂生僻字的窘态，这样用不着欧阳修多说批评的话就能改正自己的错误。如果欧阳修直言相劝，恐怕就不会有这么圆满的结果了。

那么，用幽默的方式批评下属有哪些窍门呢？应当避开“提意见”这一概念，而是将意见委婉地说成“建议”，这样在发生紧急任务的时候能够迅速地让下属接受任务。比如，你的下属是一个即将成家的准新娘，她的注意力更多地放在结婚上，这时有一份重要的工作需要她来做，如果你直接提出要求，准新娘很可能会找各种理由搪塞，你还没有足够的底气让对方留下来，不如采用幽默的沟通方式：“我的脑子已经很落后了，顶多是奔三处理器的配置，你们年轻人的脑子可是I7处理器呢，既然配置比我高，速度应该比我快很多，你看能不能把那份材料尽快整理出来？”用这样的沟通方式，下属很容易接受。

懂得幽默之道的管理者，可以让下属在开怀一笑之后心甘情愿地接受任务，还能让那些对自己怀有敌意的下属转变态度，心生敬畏和钦佩。

有一位董事长，手下一个部门经理对他很不满，在一次公司内部的聚会上，这位部门经理突然问董事长：“董事长，你刚才那么得意，是不是因为你刚当上了董事长？”董事长听了之后没有发火，而是慢条斯理地说：“是啊，我得意就是因为我当上了董事长，这样我就能够实现泡董事长夫人的伟大理想了。”这番话说完，在场的员工都哈哈大笑，董事长不仅成功转移了话题，还让那位挑事的部门经理无地自容。

身为管理者，要时时刻刻为下属着想，不要因为一点小事就当面训斥对方，那样会打压他们的工作积极性，也不利于和下属和谐关系的建立。但是如果采用幽默的方式下属就容易接受，而且还能产生一定的激励作用，在保护了下属自尊心和自信心的前提下，有利于让他们积极主动地开展工作。

有一位将军来到部队视察，找来了很多军官开座谈会。会上，将军问各位军官："部队里战士的津贴是多少钱？"结果没有一个军官主动回答这个问题，将军这才发现原来大家都不知道答案。这时候将军说："民国时候有一个军阀叫张宗昌，外号叫'三不知'将军，虽然他身为将军，却不知道自己有多少兵，也不知道自己有多少枪，更不知道自己有多少个小老婆，所以得了这么一个外号。"将军说完之后，在场的军官都低下了头。

在这个故事里，如果将军直接发火训斥军官们，效果不一定好，因为大家反而会找借口甚至产生抵触情绪，但是通过一个幽默的典故却能启发在场的人，让他们懂得体恤下属的难处，不要当一个令人耻笑的"三不知将军"。这样一对比，就能发现幽默的沟通方式能够让下属虚心接受批评。

人在职场难免犯错，管理者批评下属也在情理当中，但是如果不采取技巧性的手段加以批评，往往不会达到预期目的，还容易给其他下属留下一个严厉刻板的印象，影响到整个团队的工作热情。特别是当下属犯的错误比较严重时，管理者更要学会控制住自己的情绪，不要急于批评下属，要先让自己冷静下来，试着对下属微笑，然后用你的幽默和机智去感染下属，这样就能让下属主动认识到自己的错误，还能维系上下级的良好关系。

有一位公司职员，总是想逃避工作，一天，他找了个借口说要参加爷爷的葬礼，上司当时就发现他在撒谎，但是还是给了他一天假。等到第二天，这位员工来到公司上班时，上司忽然拦住他问："你相信人能死而复生吗？”那位员工没有意识到是针对自己，就不假思索地说：“当然相信。”上司微笑着对他说：“这就对了，昨天你请假刚参加完你爷爷的葬礼，他今天就来公司看望你了。”这位员工这才明白上司的用意，主动承认了自己的错误。

通过这个故事可以发现，如果上司当面批评下属，下属不仅不会接受，可能还会想方设法地狡辩，因为上司的批评本来就是站在他的对立面，然而上司采用的是幽默的沟通手段，缓和了这种紧张的气氛，那位员工也就不好直接反驳，只能乖乖地承认错误。

如果你想成为一个受人尊重的管理者，就要学会用你的睿智去创造幽默，通过幽默的沟通方式将错误呈现在下属面前，不用过分强调或者苛责，下属会被你的幽默消融掉戒备心理，自然能够打开心扉，主动、自觉地认识到自己的错误。用幽默的方式批评下属，是最省时省力、高效的手段，也容易加深管理者和下属的关系，对日后的合作有着积极的促进作用。

8. 幽默能提高管理者的威望

从现代企业管理的观点来看，管理者可以分为权力型和威望型两种。“权力型”主要是指通过地位、职务和法律等方式赋予管理者一定的影响力，而“威望型”是指通过自身素质产生的影响力，是管理者依靠道德品质、智慧才干以及个人情操等因素对下属产生影响力。显然，“权力型”管理者对下属产生的震慑力虽然很大，但下属敬畏的并不是管理者本人，而是他的职务和地位，一旦脱离了上下级关系，“权力型”管理者的震慑力就不复存在。从人性化管理的角度出发，一个管理者对下属的威严所在，不应当依靠职务、资历、社会地位等因素作为支撑。

古人云：“不战而屈人之兵，善之善者也。”“威望型”的管理者远远超过“权力型”的管理者。“威望型”管理者更适合带领团队，因为他所依靠的是个人品行、知识储备等自身具备的因素，会让下属发自内心地追随他：品德高尚会让下属产生一种敬爱感；才能出众会给团队带来成功和希望，让下属产生敬佩感；知识丰富会得到下属的尊重和信任，让他们产生信赖感。另外，“威望型”的管理者能够产生人格感召作用，其中包含着人格影响力和榜样行为影响力，是通过他们自身的高素质来实现的，能够真正和下属形成融洽的关系，让下属自愿接受领导并从内心服从。

有些管理者并不能正确区分个人魅力和个人威望的差别，其实二者既有区别又相互联系：个人魅力是增加管理者亲和力的重要因素，而威望是提升管理者权威性的重要因素。一个管理者如果仅仅是和下属打成一片、关系融洽，却没有足够的威望，也是一个不合格的管理者，因为他不具备驱动下属执行命令的能力。团队需要一个说话有分量的人带领，特别是组织架构庞大的团队，往往鱼龙混杂，如果不能树立强大的威望，只能让团队越来越松散，命令无法执行，任务难以完成，下属也不会真的将管理者放在眼里。

谈到威望，有的管理者就会想到用严苛的规章制度来获得，这并非是一种错误认识，一个团队确实需要制度约束，但是过分严苛的制度只能激起团队成员的逆反心理，而且从长远来看，制度的严格只能换来下属对制度的畏惧，而不是对管理者本人的畏惧。要想真正提高自身威望，管理者不妨尝试以幽默作为手段。

拿破仑有一次在歌剧院里看戏，忽然发现一个包厢里坐着素有“音乐皇帝”之称的著名作曲家罗西尼，拿破仑马上让侍从去请他过来。不巧的是，当时罗西尼穿着十分随便，不适合去见一位皇帝，但是也不可能拒绝拿破仑，于是他来到拿破仑的包厢之后，立即下跪请罪：“皇帝陛下，我没有穿晚礼服来见您，请恕我的大不敬。”拿破仑见了罗西尼这身打扮并没有生气，而是微笑着说：“我的朋友，你认为在皇帝与皇帝之间存在这样的礼仪吗？”这句话顿时打消了罗西尼的所有顾虑，两个人兴致勃勃地看起了歌剧。

显然，如果拿破仑对罗西尼的随意着装表示不满，不仅不会树立他的威望，还会让人们觉得他是一个小肚鸡肠的皇帝；如果对罗西尼的着装视而不见，人们也会揣测拿破仑心里会十分不悦，只有用幽默的方式表达了对罗西尼的理解和宽容，才能真正为拿破仑树立威望。

对于管理者来说，幽默能够让你的下属经常处在心情放松和愉悦的状态中，他们能更清晰地理解你说的每一个字，这样才有助于对你的决策、意见、批评的深刻理解。有些管理者在某方面拥有一技之长，然而总是用死板严肃的方式和下属交流，弄得每一次谈话下属都诚惶诚恐，没有机会也没有心情去了解自己的上司。

一个具有幽默感的管理者，下属往往会这样评价他："我的上司幽默风趣，性格十分开朗，在他手下做事非常有干劲儿。"就是这么简短的一句话，就从侧面证明了这位管理者的威望所在——下属愿意在他身边工作。

有的管理者错误地将威望和恐惧混为一谈，企图用冰冷的表情和残酷的眼神为自己创造"威望"，结果下属常常因为忍受不了这种沟通氛围而离开，这只是下属对管理者的"恐惧"而非"敬畏"。拥有威望的管理者，身边一定是能聚集诸多人才的领导者。既然幽默能够提高管理者的威望，那么该如何使用呢？

第一，用幽默的沟通增强下属的斗志。一个不能给下属胜利信念的管理者，不会是一个有威望的管理者。下属不会十全十美，他们需要在工作中锻炼和成长，而管理者要起到帮助他们成长的作用。

美国南北战争期间，北方联军在战斗初期连吃败仗，导致士气不振。面对这种不利局面，总统林肯亲自上前线去安抚官兵，结果他发现，很多军官错误地认为敌人的兵力是自己的三倍，所以才垂头丧气。为了给军官和士兵打气，林肯召开了一次军官会，当记者询问林肯对方有多少人时，林肯不假思索地回答说：“120万！”这个数字让记者和军官们都极为震惊，他们纷纷问林肯：“哪儿来的120万啊？”林肯解释道：“每当我们的将领吃败仗时，总认为敌人是我们三倍到四倍的兵力，现在我们的兵力是40万，那么，如此以三倍计算，不就是120万吗？”一席话说完，大家这才明白林肯是在巧妙地抨击军官们的抱怨和恐惧心理，终于认清了形势，坚定了保卫联邦政府的决心。

林肯凭借委婉的幽默沟通，既消除了军官们的无端害怕，也为自己树立了威望，因为人们坚信他对“120万”的嘲讽正是源自对胜利的信心。试想，一个管理者不能在指标压力下帮助下属重建信心，如何能服众呢？比如在有的团队中，个别下属经常会传一些谣言，说今年的市场行情不好了、公司如果不转型就要被淘汰等，这时作为管理者，抓住他大骂一顿没什么作用，不如这样说：“我最近想买一套学区房，想跟你打听打听行情，看能不能低于市价的10%，如果能，我给你提成。”话不用多，仅此一句就能让对方明白你的弦外之音，自然就会收敛，也会对管理者更加敬畏。

第二，用幽默的沟通改变下属的观念。没有矛盾就不会有世界，在职场的人际关系中难免会产生冲突和碰撞，特别是当管理者和下属发生一些不愉快的矛盾时，自然会影响到管理者的威望，这时需要以幽默作为沟通手段，推动上下级关系的“齿轮”正常运转。

古希腊学者苏格拉底，晚年的时候娶了一位脾气暴躁的妻子，动不动就对他大喊大叫，然而苏格拉底从来不和她争吵，甚至将身为丈夫的权威丢在一边，用冷静和谦卑的态度和妻子沟通。有一天，苏格拉底的妻子正在洗衣服，想让苏格拉底过来帮忙，然而当时苏格拉底正和一位朋友探讨问题，两个人正聊得津津有味，对苏格拉底妻子的叫喊声无动于衷。终于，苏格拉底的妻子勃然大怒，端起一盆脏水毫不客气地冲着苏格拉底泼了下去，这让苏格拉底的朋友也感到很难堪。然而出乎意料的是，苏格拉底并没有对妻子动怒，而是大笑着对他的朋友说："没有什么，大风雷鸣过后，必有大雨嘛，我们应当习以为常了。"苏格拉底用一句幽默的话语，既消除了当时的尴尬场面，也让妻子意识到自己的粗鲁无礼，重新为他树立了作为丈夫的威望。

管理者对待下属也是如此，很多时候完全可以收起犀利的言辞，不妨采用更加委婉的方式，反而会让对方虚心接受，最终站在你的角度思考问题。比如，当有的下属不服从管束，喜欢提前下班并找人代替签退时，管理者可以把他找来这样说："我觉得咱们公司可以增设一个职位，不知道你有没有兴趣？待遇不高但是十分清闲。"下属听了必然感到奇怪，这时管理者接着说："这个职位叫签退员，专门帮助别的同事签退的，如果你愿意，以后我也需要你代劳了。"用这样的方式指出下属的错误，既能促进他认识自己的错误，也能维护管理者的领导权威，比劈头盖脸批评一顿要好很多。

幽默并非是展示你的油腔滑调，而是要展示出管理者的智慧、修养、学识以及品格。三言两句的幽默背后，往往蕴藏着知识的积累和对生活的深思。管理者只有不断加强学习，提高自己观察事物和认识事物的能力，才能将自己丰富起来，掌握真正的幽默艺术。一个具有幽默感的权威管理者，才能赢得下属的尊重和爱戴。

Win Their Hearts, Before Calling It Your Team

第八章

沟通做好，团队不倒

如果有一些远期战略目标或者是非紧急的命令，管理者也可以选择在工作区以外的地方传达，这样做的好处是拉近管理者和下属之间的心理距离。当然，如果命令需要传递给很多人，还是在会议室最方便。

1. 建议式的命令更易让下属真心接受

在日常工作中，下属执行管理者发布的命令是很自然的事情，不过怎样才能让下属彻底执行命令而不产生抗拒心理呢？一部分管理者选择了“高压措施”：“任务不能完成就别回来见我！”或者是“如果不能达标就扣你的奖金！”这种发号施令、指手画脚的姿态，很难让下属从内心接受，顶多是表面上接受但心里产生强烈的抵触情绪。道理很简单，没有人喜欢面对这种高高在上的姿态和颐指气使的做派。

管理者要明确一点：上下级只是一种职务上的划分，并非在人格上存在着高低贵贱，即便管理者拥有至高无上的权力，也不能对下属呼来唤去。这种高傲自大的态度让本来并不讨厌的工作变得沉重和无味，下属还怎么能全力执行呢？有的管理者喜欢给自己找借口：“我这也是为了工作嘛！所以才急了一点。”殊不知，即使是出于工作需要，这种态度也会让下属产生抗拒心理，带着怨气去工作，结果可想而知。套用一句话就是：你想让下属用什么样的态度去完成工作，就用什么样的口气和方式去分配任务。

事实上，最好的发布命令的方式是“建议下属去做”而不是“要求下属去做”，因为这种沟通方式最能让下属接受，会让他觉得自己很重要，从而愿意和管理者合作，而不是站在你的对立面。只有让下属对管理者产生同理心，下属才能更好地领会意图、执行任务。

比如，当某个下属将报表交错了时，如果管理者不考虑下属的感受很可能会这么说：“是谁这么没有脑子交了上个月的报表？”如果有下属承认是自己交的，管理者接下来的一句话可能就是：“赶紧把这个月的交上来，不然这个月奖金就没了。”的确，这位下属是犯了错误，但是管理者用这种方式让他“改正”错误是徒劳的，下属只会对上司心存不满，遇到记仇的下属可能会想方设法进行报复。其实，管理者只要换一种方式就能减少火药味，还能让下属心甘情愿地接受：“是谁交了上个月的报表啊？麻烦把这张领回去，我还以为自己穿越了呢，下次请好好看一下再交上来。”用这种略带幽默的、心平气和的、建议式的沟通话术，下属不仅不会心生怨恨，反而会意识到自己的错误给上司带来了很大的麻烦。

建议式的沟通既尊重下属的人格，又能促进对方积极主动地完成工作，即便被管理者指出在哪些方面存在问题，下属也会愿意接受并改正。带动人心是带动团队的前提。

有时候，当管理者下达的命令比较复杂或者难以完成时，管理者在提出建议之前，可以征求一下下属意见，让彼此的沟通处于一种和谐交流的氛围中。因为对下属来说，既然管理者提出了建议，那么也应当征求一下自己的意见，这和强制发布命令产生的感觉是截然不同的。下属会认为管理者不仅和自己地位平等，还对自己寄予厚望，相信自己的实力。这种“征求意见+提出建议”的组合手段往往效果更佳。

李明是一家小公司的老总，最近从一个客户手中拿到了一个大订单，然而他的下属工作量已经严重饱和了，无法按照订单要求的时间完成，他又不想放弃这样一个难得的机会。不过，他也没有强令下属加班加点地完成任务，而是将团队成员都召集过来，向他们说明了情况，并指出这笔订单对公司日后发展的重要意义，最后他这样说："我建议大家可以考虑下接受这个任务，因为它不仅能给我们创造利润，还能够锻炼你们的能力，同时，我也想听一听大家有没有更好的解决办法。"李明说完之后，下属们纷纷提出很多意见并表示一定会完成这个任务，很多人都操着"我们能够做到"这样的口吻来回应李明，李明心里的一块石头终于落了地。

从这个故事可以看出，如果李明不和下属商量，直接下达命令，下属得知自己要连续加班一段时间去完成任务，必然会产生抵触情绪，闹不好还会消极怠工，激化上下级间的矛盾。相反，以提出建议和征求意见的口吻和下属沟通，下属反而会站在管理者的角度去看问题，也能全心全意地去执行任务。

一个掌握了发布命令技巧的管理者，通常会得到下属这样的评价："我们领导从来不直接用命令的口气指挥我们，每次他都会用提建议的方式询问我们有关项目的看法，这让我们始终处在轻松愉快的工作环境中，不仅感受不到多大的压力，反而拥有无限的动力。"

建议式的发号施令，虽然是一个不错的沟通技能，但需要一个实施前提：管理者能够以身作则，公信力比较强。为什么要有这样的前提？因为当你用提建议的口气和下属沟通时，如果你是一个诚信度较低、出尔反尔的管理者，下属就会认为你故意在试探他而且可能埋设了"陷阱"，就会变得警觉和谨慎，不会给你任何正面的回答，甚至用其他方式逃避任务。

一个能够以身作则的管理者，所说的话才具有含金量，才能让下属信服并愿意和你讨论，甚至会让下属主动请命，积极地帮你分担重担，而不用你去命令他们如何去做，这就是管理者的榜样效应。

1946年，日本战败之后，松下公司面临着极大的困难，为了渡过难关，松下幸之助提出了“日本的产业恢复将从松下开始”的口号。为此，他要求骨干们起到带头作用，要保证每天不迟到、无早退全勤。然而就在这个命令执行的第一天，松下幸之助就因为司机的疏忽而迟到了十分钟。松下幸之助认为必须严肃处理，于是主动交出了自己一个月的工资，同时还让所有和这件事关联的手下减薪一个月。最后，他在会上对全体员工这样说：“负责任、率先垂范者赏，不负责任者罚。”

正因为松下幸之助严格要求自己，所以才能成为团队的表率，他的话才具有公信力、震慑力和执行力，下属才能对他言听计从，政令才能顺利下达和被接受。

命令能否被贯彻执行，很大程度上和下属对管理者本人的认同有关系。管理者让人讨厌，缺乏人格魅力，甚至不配做领导者，下属自然会产生懈怠心理，这时管理者采用再多的话术也徒劳无功。因为在下属眼里，你是一个并不值得尊重的人，你发布的命令也好，提出的建议也罢，都不具备可执行性。所以，想要成功运用建议式的下达命令的话术策略，首先要提升管理者的基本素质，这样才能让下属愿意换位思考，真心接受你的命令，甚至主动承担责任，而不是出于生计或者其他需要而被动执行命令。

2. 主动沟通为团队创造和谐

管理者和下属的关系天然就有几分尴尬，几乎所有人都不同程度地抱怨过自己的上司，要么是严厉，要么是小气，要么是精明……当然更多的抱怨是管理者过分使用权力来要求自己，如果不服从命令或者没有达到预期目标就会遭到批评。相对地，管理者对下属也存在诸多不满：要么是偷懒，要么是能力不够，要么是执行力差……不过最多还是不服从管束。总而言之，管理者和下属好像永远处在对立面，矛盾变得很难调和。其实，造成这种现象的根本原因还是缺乏沟通或者沟通效果不佳，导致管理者和下属产生了“离心力”，不能统一认识，为共同的目标而努力。这对团队的发展具有很大的危害性。

在知识经济时代，一个团队只有精诚合作、群策群力、共渡难关才能赢得最终的胜利，这是当今企业管理的共识。虽然道理都懂，但是要打造一个高绩效的团队并非易事，因为这需要良好的沟通作为纽带，才能起到润滑团队成员关系的作用。

杰克·韦尔奇曾经说过：“沟通、沟通、再沟通。”这正是强调沟通的重要性。沟通是团队之间的交流互动，能够起到消除矛盾、增进关系的作用。一个缺乏沟通的团队，短时间内也许暴露不出问题，然而日积月累之下就势必产生激烈的冲突，从而影响团队的正常运转。身为管理者应当主动了解下属的需求，尽可能地和他们多交流，随时掌握一些新的信息和情况，才能让团队发挥出最大效能。

有人曾经对生产线上的工人进行过研究，发现他们每小时要进行16~46分钟的交流，甚至16分钟的最低数字也是每4分钟进行一次交流，而且随着组织规模越高这种交流的频率也会越高。对于完成生产任务的基层管理者来说，一般工作时间的20%~50%用来进行语言交流，如果切换到文字交流，数据会增加到29%~64%。如果是中高层管理者，他们用来进行语言交流的时间会达到66%~87%。

从这些数据可以发现，沟通效果的好坏和时间有着直接联系。我们虽然介绍了很多种沟通技巧，但不要忘记一点：没有足够的时间做保障，那些巧妙的话术也不会起到预期效果。比如，当管理者为了协调下属之间的矛盾进行单对单沟通时，由于急着处理其他事情，将原定20分钟的会谈压缩到5分钟，那么很多话术的施放时间也会被缩短，加上管理者心不在焉的态度，会让下属早早厌倦你的侃侃而谈。当这次沟通匆匆结束之后，下属除了对你产生“不专心不用心”的负面印象之外，恐怕早已忘记你说了些什么。

相反，如果一个管理者并没有掌握足够多的话术技巧，但是愿意拿出更多的时间进行交流，也会提升沟通的效率。比如，某个下属因为个人问题耽误了工作，原本只需要10分钟的谈话被管理者拉长到40分钟，期间不乏对下属个人生活的关心和勉励，即便管理者不善言辞，下属也多半会被这种诚恳的态度打动，会认为你是真心实意为他好。所以当谈话结束后，下属自然会对管理者产生“诚实善良”的正面印象。

由此可见，如果管理者愿意拿出足够的时间和更多的下属交流，那么整个团队对他的印象会共同提升，所产生的个人威望和团队凝聚力将呈几何级数增长。从这个角度来看，愿意学习和掌握沟通技巧是一回事，愿意拿出时间和精力进行沟通是另一回事。

麦当劳的管理层十分重视沟通，他们认为好的沟通能够影响到公司的经济效益。尽管麦当劳依靠着利益驱动对员工起了很大的刺激作用，然而麦当劳最大的成功并非都是依靠物质奖励，而在于全体员工对麦当劳的忠诚度以及对快餐事业的责任感。麦当劳通过走动式管理，从员工身上获得了很多宝贵的原始信息，很多管理者又能和下属打成一片，从而加强了沟通效果，打造了一个充满和谐、生机、求胜欲、进取心的卓越团队。

从麦当劳的成功案例可以看出，当管理者舍得增加“沟通成本”时，自然能提高沟通效率。那么沟通成本最显著的特征是什么？主动。只有主动选择沟通的对象，主动安排沟通的时间场合，才能对沟通的内容和效果提前掌控。

在一个团队中，管理者的决定作用自然超过下属，所以管理者的沟通意识也决定了团队整体沟通氛围的定性、定向和定位。因为管理者想要做出正确的判断就必须从下属那里得到准确的信息，这些信息获取的渠道只有沟通。沟通的目的在于传递信息，当信息没有传递给团队的每一个成员时，沟通就产生了障碍。因此，优秀的管理者必须具备主动沟通的意识，凭借有效的沟通对团队的思想和目标进行统一，才能消除隐患，避免或者减少危机出现。

有些管理者不愿意主动和下属沟通，而是被动地等待，因为他们本身不重视沟通的意义。事实上，沟通说难也不难，管理者如果在工作时间和工作场合找不到合适的沟通契机，不妨通过团队的共同活动进行沟通。无论是工作餐还是单位聚餐，都能够为管理者创造主动和下属沟通的机会。

著名职业经理人唐骏曾经担任过微软中国公司的总裁，他总结了有关主动沟通的三个原则：第一，建立一对一的沟通制度，每个月和一名下属面谈，同时他还要求一线经理要每个星期安排一个小时，另外每三个月再抽出两个小时一对一沟通，了解下属在工作和生活上的问题；第二，鼓励下属有问题随时找CEO沟通，但前提是下属反映的问题已经找过了部门经理而没有得到解决；第三，将和下属沟通当成一种制度，当时微软中国每个星期都会组织圆桌会议，下属可以通过报名参加，每个星期的会议主题都不同，借助圆桌会议，唐骏弥补了日常工作和下属沟通的不足。

唐骏说过："只要在办公室，我的房门就是开着的。"可见他对沟通的重视程度。

管理者和下属之间最重要的工作交流和情感交流，都需要借助沟通。由于社会分工的客观现状，管理者和下属难免会有不同的立场，只有以沟通作为桥梁和纽带，才能不断整合产生分歧的利益关系，促进管理者和下属之间的良性互动。很多管理者不愿抽出时间与下属交流，逼迫下属单向地、主动地和管理者沟通，却被一些人认为是"好现象"，事实上，这种单向沟通并不能证明下属的积极性被调动起来，只能证明管理者没有主动关心下属的意图，时间一长必将损害下属的积极性和团队归属感。归属感失掉了，就会丧失责任感，下属就难以和管理者站在相同的利益链条上考虑问题，也不会和管理者产生共情。这样一来，就会割裂上下级关系，那么这个团队就不再充满和谐与生机，最终将走向沉寂和没落。

3. 传递命令要准确

管理者和下属之间的沟通，主要是通过语言交流的方式进行信息互换。然而很多时候语言交流会产生信息传递的流失和偏移，造成交流双方的误解，从而影响到命令的执行和信息的扩散，会直接损害团队的利益，甚至会引发一些不良后果。因此，管理者必须注意这个问题，掌握口头传递的要领。

当然，最直接的方法是将口头传达形成书面文字，但这仅限于重要的内容，对那些简短的、即时性的命令和信息并不适用，也不可取。换个角度看，信息的误解有时候并非是管理者表达能力有问题，而是一些下属的领悟能力不够或者经验不足，或者在沟通时心不在焉造成的。所以作为管理者一定要注意，当下属用简短的“是”或者“不是”，或者是简单的表情来回复你时，千万不要想当然地认为下属真的领会了你的意图：指示的内容是什么？应该怎样去操作？如果让下属重新复述一遍时，你有可能发现他们和你想要传递的信息截然相反。为了避免这种状况发生，管理者应当采取一些话术策略来预防。

一般来说，下属和高层管理者沟通时会小心谨慎，那些资历浅、能力较差的下属甚至有些唯唯诺诺，而且，他们在日常工作中和高层管理者沟通的机会不多，对管理者的工作作风、思维方式和一些表达特点都比较陌生，是很容易产生误解的。因此，管理者在面对这一类下属时，一定要经过认真思考，那种张嘴就来的传达命令很容易出问题。

管理者要弄清，他们面对下属时所说的每一件事都是“最高指示”，具有一定的权威性，一句看似简单的话可能会引起下属的过分注意和重视，甚至会造成跑题。也正是这个原因，管理者不能轻易发表意见，因为这样会对下属产生误导。同时，管理者也应当注意，下属会怎样理解自己所说的话，甚至要考虑他们会如何做出反应。管理者在和下属交流时，一定要考虑几个问题：你要表达什么？这个信息要传递给具体的哪个人？在传递这个信息时有足够的证据支持吗？怎样才能让下属最快地理解，需不需要对这个信息进行重复，下属听了之后会产生怎样的反应？如何应对这种反应……管理者想清楚这些问题之后再开口，就能避免一些严重的问题发生。这是一种话术层面的构思和打草稿，也是管理者沟通工作的前期准备。

另外，在和下属交流时，不仅要注意说话的内容，更需要注意说话的方式。同样的一句话，用不同的语气说出来，给下属的感觉是不同的，可能他们会得到激励，也可能他们会感到被嘲讽，所以管理者应当提前对下属的反应进行预判，尽量避免让他们产生负面情绪。除了语气之外，管理者的举止也十分重要。要想让命令准确传递下去，就要让下属获得详细的解释，所以管理者要允许下属提问甚至提出质疑，不要仗着自己是管理者就搞一言堂。对那些提出宝贵意见的下属要进行表扬，要学会倾听下属的内心想法，从而让命令变得更科学、更符合团队的长远利益。

要知道，下属对管理者的命令能够接受是一回事，能否有效地执行是另一回事。有的下属领悟力很强，但是执行力很差，有的下属领悟力较弱，但是执行力很强，所以管理者要保证传递的命令符合自己的一贯风格，和团队文化息息相关，不要轻易地改变下属已经熟悉和掌握的东西，比如一些工作流程，一旦发生修改，可能会造成下属的不适应甚至是消极对抗。管理者要尽量避免无意义的改革，如果迫切需要改革，也要提前给下属做好足够的思想准备。

能否准确地传递命令，也和下属对团队文化是否认同有关。有的团队提倡的是高速度的运转，接到订单之后匆匆开个会然后就开工，不能保证质量但能保证速度；还有的团队重视创意，项目开始之后会认真考虑一切可能发生的问题然后循序渐进地开展工作。正是存在着不同的工作方法，所以管理者要在传递命令的时候向下属加强团队精神的灌输，比如交代一个任务之后可以这样说："我们是靠创新赢得市场的团队，所以你一定要打破惯性思维，拿出让客户眼前一亮的东西。"这就是强调了"创新至上"的团队文化，下属在执行任务时就不会以牺牲创新指数来追求完成速度。另外还有一个小技巧是，管理者在谈到团队时，一定要多用"我们"而不是"你"，要让下属明白项目完成的情况决定着整个团队的利益，而并非是某个人，这样才能让下属真正融入团队文化中，为团队利益考虑。如果交给下属比较困难的任务，管理者最好提前尝试一下，看是否超出了下属的能力极限。

传递命令是否准确，跟沟通环境有着密不可分的关系。一般来说，管理者自己的办公室是最佳场地，保密性和安全度都比较高，也是管理者自身权威的象征，所以尽量选择在这里传递命令。相反，如果管理者随意地将沟通的场地换在了大门口、食堂等地，会给下属一种错误的心理暗示：这个命令并不是很正式的，这个项目并不是很紧急……这样就会给命令的完成情况埋下隐患。当然还有一种情况，管理者到下属的工位传递命令，这种情况适用于需要一些数据、资料、样品的特殊情况，只有在下属身边才能得到，所以管理者也可以选择在下属的工位附近传递命令，当然前提是这个命令不具有保密性。如果有一些远期战略目标或者是非紧急的命令，管理者也可以选择在工作区以外的地方传达，这样做的好处是拉近管理者和下属之间的心理距离。当然，如果命令需要传递给很多人，还是在会议室最方便。

4. 通报坏消息不要伤害感情

一个团队在发展壮大的过程中，难免遭遇一些意外并产生一些坏消息，这些坏消息也需要传递，就不可避免地要影响到下属的心情和工作状态，这时候管理者如果在传递坏消息的过程中用词不当，很容易给下属造成“二次伤害”。因此，管理者要尽量在传递负面信息时不伤及下属的情感。

所谓的坏消息包含两种内容，一种是来自团队之外，比如市场的淡季旺季、消费者的需求点迁移、竞争对手的打压措施以及整个世界的经济环境等；还有一种来自团队内部的，比如裁员、经营或管理不善、部门合并、业务方向调整等。

第一种情况，由于是客观原因造成的，管理者在和下属们沟通时，只要注意紧密联系整个团队的力量，鼓足干劲，稳定军心，给予下属工作下去的信心即可。第二种情况，由于是团队自身原因造成的，就需要管理者小心谨慎地应对。

团队内部的坏消息，需要管理者在沟通时委婉一些，尽可能地减轻对下属的心理打击。比如有下属被降职或者解雇，下属的工作要重新开展，下属提出的建议遭到否决，这时候都需要策略性的话术来应对。通常有三大类情况。

第一，所有下属要面对团队大政方针的调整。

比如，当团队的工作计划进行变更时，势必会影响到下属之前的工作和日后的计划，会给大家带来意外的麻烦，这时候管理者千万不能置身事外："这件事我也无能为力，大家尽量配合吧。"一旦这样的话说出口，从表面上来看，管理者似乎和麻烦的源头撇清了关系，但由于你是团队的负责人，这种说辞很容易让人觉得你是在推卸责任，会让管理者在下属心中的权威性受到很大动摇，甚至产生反感。有的管理者担心个别下属会借机制造舆论，于是采用高压的办法不让下属发声，这样更是大错特错，可能会引起全体下属的不满。

正确的做法是，管理者应当遵循有情有理的原则，让下属心服口服地接受，不要打击他们的工作积极性。比如，可以这样说："我们的销售计划被迫进行调整，这有外界因素也有内部因素，大家都是明白事理的人，希望我们能够一起渡过难关，尽快适应新的市场规划方向。"通过强调"我们"这个字眼，能够让下属感觉到管理者和大家站在一起，有困难共同面对，自然就会转移对管理者的负面看法，有利于团队思想的统一。

第二，涉及某个下属的沟通问题。

如管理者由于工作忙碌，无暇顾及下属上交的一个意见书，而下属又急切地盼望管理者尽快回复，可能会主动询问是否看了，遇到这种情况，管理者不要敷衍下属："我已经看了，觉得挺好的。"这样的言辞很容易让下属看穿你的不用心，会严重打击他的工作积极性，甚至会对管理者的人品产生怀疑。与其如此，不如直言不讳："对不起，我最近工作特别忙，等我抽空一定看，到时候咱们再讨论，好吗？"这样的回答，虽然不是下属最渴望的答案，但至少给了他继续等待的信心，也没有拉低管理者的工作水平和处事原则。另外，有一种情况比较尴尬，比如管理者看了下属的意见书并表示赞赏，但是还有更高层的领导表示反对或者态度不明朗，迟迟没有给出最终意见，将管理者夹在中间不好做人。这时候，管理者就要安抚下属的焦急心理："高层那边对你的意见很重视，但因为涉及集团的改革大业，不能轻易做出决定，可能要过一段时间才能给你最终答复，我知道你很心急，但是这种事需要慢慢来，趁着这段时间你可以再细化一下方案。"这样的回答，比较详细地说明了原因，下属也会理解和接受。

第三，直接损害下属个人利益的问题。

这是最让管理者尴尬的一种情况。某个下属可能要面对降职甚至被解雇的重大变化，这是对管理者和下属来说都存在精神伤害的问题。不少团队中的负责人都表示，他们总是想尽量拖延时间，不想过早地知会下属，特别是由高层下达的类似决议，管理者普遍都很头疼，有人甚至用旁敲侧击的方式让下属主动辞职，但这些都是不积极的沟通策略，不仅不能彻底解决问题，还会旁生枝节。

作为管理者，应当正确看待人事变动这种现象，它是任何一个团队都无法避免的常态。站在团队的角度看，每一个下属所创造的价值和他拿到的回报都要保持正比例关系，一旦失衡，要么对下属不公平，要么给团队带来损失，无论是哪一种情况，都不符合市场原则和经济规律。站在下属的角度看，只要混迹在职场，就难免会发生工作变动的情况，也是大多数人都提前做好心理准备的事。因此，管理者不必给自己背上沉重的思想包袱，不要产生任何负罪感，当然也不要用"他被开除也是咎由自取""他本来就能力不够"之类的话进行自我安慰，无论去留，都应该客观评价每一个下属。

遇到这种问题，最好的沟通话术就是："我承认，如果没有你，我真不知道我们团队会变成什么样子，但是碍于一些客观因素，从下个月开始，我就不得不尝试一下了。"这种话术掺杂了一些幽默的成分，能够化解气氛的尴尬，也能一定程度上减轻被开除下属的抑郁心理。

对于那些没有被开除但是被降职的下属，管理者也要讲究沟通策略，甚至从某个角度看，比直接开除下属更麻烦，因为你们还要在一个团队中，未来的人事调整还存在着变数，所以一定不能把话说绝，要把话说活，要把事做活。

比如，面对一个被降级的下属，管理者应当考虑到他们的心理落差，要耐心向他们解释为何要这样做，这时话术内容放在其次，说话的语调和态度以及表情放在首位，让下属真切地感受到你的诚意和无奈，时间一长，当下属们适应了新的工作岗位之后，之前的颓丧和失意也会逐渐削弱。千万不要抱着幸灾乐祸的态度去和下属沟通："你现在被调到分店了，你应该好好反思一下自己，以后避免这样的事情发生。"这样的沟通不仅不会促进下属反省，反而会激化下属和管理者乃至团队的矛盾，正确的沟通方式是："虽然你被调到了分店，但这也是工作需要，只要还在这个团队里，我就会一如既往地支持你。"通过这种打感情牌的方式，能够淡化下属对上级的责怪情绪。

如何向下属传递坏消息，不仅体现了一个管理者的沟通水平，更能体现出其综合素质。切莫在面对下属离开时表现出"曲终人散"的感觉，毕竟山不转水转，职场风云起伏，市场瞬息万变，一个普通的人事调整并不能为你的人脉圈子奠定最后的布局，要懂得留有余地，要体现出重情重义的人格魅力，要让下属"人走了但心还在"，掌握有价值的人际关系，这才是管理者能够留给自己的最宝贵的资源和财富。

5. 用推心置腹的沟通留住优秀下属

常言道，千金易得，一将难求。职场上人员流动很大，能力差的员工会被踢来踢去，而能力强的员工也会跳来跳去，对很多管理者来说，如何面对优秀下属离职的问题是一个大问题，特别是当优秀下属可能会流失到竞争对手那里时，对团队的存续安危势必会产生威胁。

当优秀的下属向管理者递交辞呈时，管理者不要惊慌失措，更不要情急之下质问对方：“公司对你这么好为什么要走？”这样的沟通只能坚定优秀下属跳槽的念头。当然，管理者也不能无所作为，任凭人才从团队中流失，应当采取积极的措施尽量挽留，要注意在沟通时表现出推心置腹的诚意，让下属将你当成朋友，贴近他们的内心才有劝其回心转意的机会。

第一，尽快做出反应。

有些管理者缺乏沟通经验，当面对优秀下属递交辞呈时，第一个反应是让下属再考虑考虑，没有马上表态。这里有两种情况：一种是幻想下属能够打消离职的念头，另一种是拖延时间想对策。其实，当下属递交辞呈的那一刻，基本上该考虑的都考虑清楚了，不可能还有多大的转圜余地，至于说拖延时间想对策，也未见得会有什么效果，反而会让自己陷入被动。正确的做法是，当优秀的下属表示要离开团队时，管理者就应当立即做出反应，因为在这个时间段里，能否挽留住优秀下属才是最重要的，千万不要用“我有个会开完再跟你谈”这样的话搪塞，这只能让下属认为他的价值还不如晚几分钟开会。

管理者之所以要快速做出反应，是基于两个原因：第一，向优秀下属证明自己的手头工作不如挽留他更重要；第二，在下属决心没达到最高点时做最后的努力改变他的想法。

第二，保密措施。

有的管理者不懂人心，在优秀下属提出辞职之后，将这个消息传递给其他下属，同时还尝试一切办法去挽留对方，这等于彻底断掉了下属更改决定的退路。试想，哪个人愿意让别人知道自己提出辞职之后又留下来的事情呢？这种反复难免会让其他人误解，或者被一些别有用心者混淆真相。因此，当下属提出辞职后，管理者要进行消息封锁，不要让第三个人知情。

第三，了解下属诉求。

大多数人在适应了一个工作环境之后，是不会轻易离开的，如果离开通常是遇到了无法解决的问题，所以管理者一定要耐心地倾听下属的诉求，让他们坦诚地说出自己辞职的原因，如果还有更高层的管理者，就要将下属的想法原封不动地汇报给上级，切勿传错话。哪怕是其中存在着对团队或者高层的意见的话，这时候也不必隐瞒，因为你将全部原因说明，下属还是会走，也谈不上得不得罪其他人。如果事情有转圜的余地，下属反映的这些“微词”说不定也能推动团队的发展。

在和下属谈心时，管理者要侧重从工作待遇、工作前景以及个人问题三个方面去谈，其中，薪资待遇是商量余地最大的，对有能力的下属，团队要不惜一切代价挽留，对于工作前景要看下属在意的是什么。是想更换一个发展领域，还是想调整自己的职业角色定位？管理者可以这样沟通："我知道你是一个有理想、有抱负的人，可能会觉得公司的发展前景和你自己设想的不同，但是做企业和做人一样，我们一开始并不知道明确的方向，也会在实践中摸索，所以我希望你能打消这些顾虑，和团队一起在探索中前进。"运用这种话术尽量以情留人，给予下属重新考虑的机会。

最难处理的是第三种情况，也就是下属遇到了个人问题，比如要生孩子，因为照顾家人要选择工作地点就近的单位，等等，这些诉求通常是团队无法克服的，但是管理者也可以尝试着让下属改变想法："照顾家人确实比工作更重要，不过你在公司工作了这么久，薪资待遇肯定会逐年增加，既然收入能增长，肯定就能解决大部分问题，剩下的一部分问题我们也会尽量帮助你解决，你看怎么样？"俗话说，能用钱解决的问题就不是问题，强调公司不会亏待下属，在很多时候也能打消他们的顾虑，让他们换一个角度去看待问题。

管理者和下属沟通跳槽问题时，要给对方一种"你的离职想法原本就是错误的"感觉，要让他觉得对团队的不满、对同事的不满以及对管理层的不满都是一种误解，也就是要向下属表明，团队可以为了他做出改变甚至是让步。只有拿出这种坦诚相待的态度，才有可能打动对方。如果条件允许的话，管理者可以尝试和下属在工作地点之外用餐，利用下班时间沟通感情，深挖对方打算跳槽的真正原因。

第四，集体讨论。

这里说的集体讨论，是团队管理层的内部讨论，并不包括普通员工，而挽留的对象通常也是团队中的骨干力量，因为会涉及一些薪资待遇的重大调整，所以单靠一个管理者往往不能解决问题，就需要管理团队尽快形成一个能够挽留人才的方案。一般来说，优秀下属离职会受到两个因素的影响，一个是渴望着去更大的平台发展，另一个就是留在本公司工作动力不足。那么，管理层的集体讨论就应当针对这两个方向拟订方案，为了增强说服力，可以考虑多个部门的负责人共同出手，比如人事、财务、行政等部门都可以从自身角度帮助下属解决问题。

我们前面说到了下属离职要保密，这只是针对管理者能够独自解决的情况，如果该名下属在团队中拥有举足轻重的地位并且是因为团队内部的问题才离职的，这时候管理者就不能封锁消息，一定要告知其他管理者，这样才能避免将挽留不力的罪责落在自己头上，也能群策群力地想出更好的解决方案。

第五，执行策略。

当团队的管理层敲定了挽留下属的方案之后，又能确定可以解决对方提出的问题，就必须马上采取措施：针对同事的，可以考虑找相关同事沟通，营造和谐的人际关系氛围；针对上级的，要正确面对是否在用人问题上出现了失误。同时，管理者还要进一步加强和下属的沟通，让他们理性地看待离职。比如，有的下属认为换一个单位之后工作环境会有所变化，管理者可以这样说："我也不是一直在这个团队，之前也换了几家公司，就我的经验来说，任何一个团队的工作环境都是大同小异的，都有开明的上司和不开明的上司，也都有真诚的同事和不真诚的同事，客户同样是有刁蛮难伺候的和通情达理的，所以你不要认为这些现象可以通过离职来解决。相比之下，你在这个团队工作这么长时间，这里的上司、同事和客户难道不是更易相处吗？”运用这种话术策略，往往可以直击要害，让下属醒悟过来。

除了团队内部的原因，还有一种特殊情况就是竞争对手过来挖人，这时不能坐以待毙，要主动出击，找到竞争对手，向对方明确表示不会拱手让出人才，表明自己的立场和态度。有人认为挖人并不犯法，团队也没有什么道理阻止，但这是一种竞争策略，如果一个优秀下属被挖走了，接下来可能会有更多的人才被挖走，到时候再采取措施就为时已晚。管理者可以向竞争对手态度坚决地表示：“贵公司看重我们的人才，说明我们还是英雄所见略同的，同样我们对贵公司的很多人才也很欣赏，但我们擅长用你们开出的二倍、三倍的价码挽留人才。”在这种沟通模式中，管理者一定不能输掉气势，这样也是向其他优秀下属表达团队重视人才的态度。

面对优秀人才的流失，管理者的心理素质、思维能力和处理经验是非常重要的，稍有不慎，就可能强化对方离开的想法，也会错失挽留的最佳时机。当然最重要的是，在下属提出辞职之前，管理者就应当发现一些苗头，将问题扼杀在摇篮中，用最高明的防御之道始终胜过最高明的挽留之道。

6. 简单直接的话术更能建立威信

身为管理者，一定要让自己的讲话言简意赅、精准有力，而不是婆婆妈妈、缺乏重点。一些实际案例证明，讲话越是简单直接的管理者，越容易得到下属的认可和尊重，能够提升沟通效率，同时还能建立个人威信。然而在实际工作中，不少管理者只要一有发言的机会，就会变成“话痨”，一个很简单的主题也能发散出很多小主题，然后面面俱到地展开，导致每一次发言都变得冗长和乏味。也许在一些管理者眼中，说得越多越能体现自己的智慧、才能和地位，至于说了些什么、有没有实际用途，好像不是他们最该关心的问题。

事实上，这些喜欢长篇大论的管理者没有意识到，当你在台上津津有味地发言时，台下的听众却苦不堪言，他们不会对你讲话的内容感兴趣，反而会产生强烈的抵触情绪。因为很多时候，越是简单的发言越能产生良好的效果。

善于长话短说是一种沟通技巧，也是一种语言艺术。当然，把长话缩短并不是最终目的，最终目的是为了说出有用的话，要通过简短的字词语句来表达一些能够对下属有所启迪、对团队有推动意义的话，而不是发表一些味同嚼蜡、乏味枯燥的话，这样只能浪费时间，降低沟通效率。

心理学有一个名词叫作“超限效应”，定义是：由于刺激过多、过强或作用时间比较长而引发的极不耐烦甚至逆反的心理现象。有一个故事最能说明这种现象。一次，马克·吐温听牧师演讲时，一开始认为牧师说得非常好，所以准备捐款，然而十分钟过去了，牧师还没有说完，于是马克·吐温变得不耐烦了，决定只捐一些零钱。可没想到又过了十分钟，牧师还在喋喋不休地讲着，马克·吐温决定一分钱也不捐了。最后，当牧师终于结束演讲开始募捐时，马克·吐温不仅一分未捐，反而从牧师那里偷了两美元。

很多爱发表长篇大论的管理者，正是马克·吐温遇到的那个牧师，原本讲话的内容比较吸引下属，却不知道在合适的时间节点收尾，导致下属产生了严重的逆反心理，沟通的结果也归于失败。

2009年曾经有一个帖子火爆互联网，叫《一个省委书记的讲话只用了169个字！》。这个帖子说的是湖南省委书记在中南大学举行的新校区的新生开学典礼上，发表讲话时竟然只用了169个字，结果赢得了大家的一致好评。虽然这只是一次普通的讲话，但反映的却是领导的艺术和语言的艺术。很多时候，人们会通过一个人的口才去判断他的其他才能，更会将一个人的语言习惯和个性相挂钩：词不达意的人往往粗心急躁、拐弯抹角的人往往狡猾算计、嘴上没把门的人往往浮夸不成熟……既然人们普遍有这种意识，那么管理者就更应该注意自己的讲话方式。20世纪40年代，美国人就提出了将“口才、金钱、原子弹”当成在世界上生存和发展的三大法宝。进入60年代以后，美国人又将“口才、金钱、原子弹”改为了“口才、金钱、电脑”。然而不论如何修改，美国人一直将口才放在第一位，可见他们对沟通能力的重视程度。

管理者和下属的沟通，目的是为了让工作变得更简单和有效，所以沟通也应该采取最简单的方式。不要说废话、套话和空话，要将最重要的信息传递给下属。如今是一个知识爆炸的时代，信息量与日俱增，日常工作和生活的节奏很快，简单直接的表达方式不仅符合时代需求，也最能打动听众的内心。一个善于长话短说的管理者，本质上是为团队节省时间、提高效率，一切以团队利益为重。

那么，管理者如何才能实现简单直接的沟通方式呢？需要在三个方面有所加强。

第一，提高文化修养。管理者能否把握交谈的重点，与自身的文化修养有关，因为这是在考验管理者的语言和文字表达能力。很多管理者虽然有丰富的职场经验和生活阅历，但是文化水平不高，和下属沟通喜欢用大白话，不会引经据典，也很少使用成语，更没有举例说明的习惯，这就导致同样阐述一个内容，这一类的管理者要喋喋不休一大堆才能进入重点。为了避免这种现象，管理者应当多读书多学习，掌握一些常用的语言文字使用技巧，增强自己的文化底蕴。

第二，语言模式要简单明了。当管理者和下属沟通时，不要无话不谈，而是要设计自己的讲话方式并形成一种沟通规范，以便让全体参与沟通的成员能够掌握和运用。比如，当管理者想让下属去完善一个策划方案时，管理者可以将需要修改的内容列出一、二、三、四条，每一条简要说明，最后强调一些客户需求即可，而不是絮絮叨叨说一堆和策划方案、客户需求无关的内容。归根结底，管理者在和下属沟通前要先锁定“关键词”才能找到交流的重点。一个能准确划分重点的管理者，下属也会对你产生敬重和钦佩之心。

第三，减少不重要的集体会议。有些管理者很喜欢开会，因为每到这个时候就是自己最能被下属“关注”的时候，也有人认为可以通过开会来树立自己的威信，对下属加强管理。其实这些看法都是片面的。团队会议的最重要目的是整合思想、传递重要信息以及收集下属的思想动态，并不是管理者展现个人“口才”或者“威严”的场合。特别是有些管理者喜欢连续开会，而且每一次会议都缺乏主题，导致内容雷同，不仅浪费了宝贵的时间，还让下属心生反感，等到真有重要信息需要传递时，下属早已经对开会产生了抵触心理。因此，管理者要学着策划会议，控制好每一次会议的时长和自己发言的时长，准确区分开每一次会议的不同议题。

简单直接的沟通模式，既是工作需要，也是人心所向，更是管理者个人能力和威信的体现。很多时候，下属也会通过倾听管理者的“滔滔不绝”去发现一些问题：我的上司之所以说了这么一堆没有重点的话，是因为他自己都不了解重点，不关心团队的发展，甚至对业务也是一知半解！一旦下属对管理者产生这种印象，想要扭转过来就极为困难了。

要想带好团队去创造业绩，管理者需要建立足够的威望，而威望是在日常工作中一点一滴积累形成的，只有赢得大多数下属的爱戴和支持才能获得。管理者想要改变威信不足的现状，不妨从一次讲话开始，通过言简意赅的表达方式，让下属发现你工作作风和沟通模式的转变，进而提高对你的个人评价，转变对你的态度，从心理上接受你。只有管理者和下属对彼此真正认可时，才有助于推动整个团队走向和谐与统一。

7. 直面内心需求，“闲聊”要掌握技巧

聊天是一种交换意见、思想以及情感的沟通形式，在职场中也十分常见，特别是对于管理者和下属来说，聊天能够增进彼此的关系，能够润滑严肃的关系，还能够起到化解矛盾的作用。有些管理者不愿意和下属聊天，认为“有失身份”，还有的管理者认为和下属缺乏共同语言，也就懒得聊天，从表面上看没有什么影响，但当下属提出辞职时，管理者才会突然发现自己并不了解下属的个人情况，也没有除去工作之外的任何私下交流，即便想要挽留也不知从何开口。

《傅雷家书》中有一封信是这样写的：“长篇累牍地给你写信，不是空唠叨，不是莫名其妙的闲扯，而是有好几种作用的。第一，我把你当作一个讨论艺术、讨论音乐的对手；第二，我想激出你一些感想，让我做父亲的得些新鲜养料；第三，借通信训练你的——不但是文笔，尤其思想；第四，我想时时刻刻，随处给你做个警钟，做面‘忠实的镜子’。”

傅雷先生用了不多的笔墨准确地揭示出了长辈和晚辈、上级和下级的两个沟通技巧：第一个技巧是以平辈自居，第二个技巧是探明对方的

真实动因，通过同理心培养信任感和默契。这两个技巧用在当今职场上也是很实用的。比如，当你的团队中下属工作效率低下，与其劈头盖脸训斥一顿，不如坐下来好好和下属谈谈，询问对方是否遇到了什么糟心的事情。运用这类话术，不仅能减弱下属的防御心理，还能快速地找到问题的根源，有助于调动下属的积极性和进取心。

管理者和下属的聊天，看似漫不经心，但也是需要操作技巧的，因为这种交流和同事之间的聊天不同，它不是为了消磨时间，而是为了从侧面了解一个人的思想、行为、兴趣爱好等，更重要的是要探知下属在想什么、需要什么、顾虑什么……只有全方位地了解下属的心思，才能知道运用什么样的话术以及谈话的内容。善于和下属聊天的管理者，也能够在谈正事时更准确地把握对方的心理，能够有效地说服和引导对方。

聊天要注意三个问题：内容、场合和时长。

管理者和下属的聊天话题一定要谨慎选择，不能以团队内部的八卦新闻为话题，因为有的管理者喜欢通过下属去刺探一些“情报”，殊不知这在无形中降低了管理者的身份和形象，也并无实际意义。

聊天的场合也是要谨慎选择的，不能在工作区域和下属旁若无人地聊天，这样会让下属觉得你没有正事，也不要在下属下班之后抓住不放聊天，这样会引起对方的反感，最好在午休时、会见客户的路上以及一些团队活动期间，恰当的氛围会让下属愿意对你敞开心扉。

聊天的时长也要控制好，过长的交谈可能会引起下属的疲惫，过短的聊天又不会起到作用。如果是工作闲暇时段，最好控制在10~20分钟，如果是集体活动时段，可以控制在30~50分钟，当然这要以是否聊得投机和尽兴作为参考标准。

聊天时需要注意，如果冷场是非常尴尬的，所以管理者要学会及时转移话题，转向大家都熟悉和了解的范围，而且能够让下属提出意见和观点，切莫转移到对客户、对同事的个人看法上，这样下属是不会放开交谈的，也会怀疑管理者的动机。另外，管理者要思考为什么会出现冷场，是不是下属并不愿意和你聊天，如果对方表现出被动的回答，那就要及时终止闲聊，因为聊天的目的是为了拉近上下级关系，如果引起对方反感就要停止。

以上都是管理者在和下属聊天时需要注意的内容，但是更关键的技巧是：怎样巧妙地和下属聊天，引起对方的兴趣，让你们从上下级的关系暂时解脱出来，处于相对平等的状态中呢？

第一，学会用关键词展开话题。

很多管理者和下属沟通时，常常使用“封闭式问题”和“为什么式的问题”。第一种问题，下属只能回答是或者不是，第二种问题下属回答的往往是违背内心的假话。所以管理者要避开这两个尴尬的提问方式，要通过确定关键词来展开。比如，最近电影院热播某一部大片，管理者可以这样问下属：“听说很多人都在吐槽这部电影，你觉得怎么样？”或者是“这部电影我看了，觉得翻译得很糟糕，你认为呢？”这样的开场方式能够引起下属的兴趣，能自然而然地将话题进行下去。相反，如果管理者这样问就很尴尬了：“你认为这部电影怎么样？”或者“你看了那部电影了吗？”这种问话方式只能得到“没看”“还行”这一类的回答，让话题无法继续。

第二，开放式的聊天方式。

通常，如果一个人对某个事物感兴趣，当你把这个事物拿走之后，会进一步引发他的兴趣，所以开放的聊天方式是：在沟通中埋下没有明确说明的内容。还是以看电影为例，管理者这样评论电影：“我觉得主人公太弱了，没有担当，不然××就不会死了。”下属肯定会愿意积极讨论，这时候你可以话锋一转：“难道你没发现这个主人公很像咱们培训时批判的那个反面典型吗？”使用这种话术，让下属将反面典型和电影人物联系在一起，会关心怎样做才能成为团队中的优秀分子，这就巧妙、合理地将工作和生活联系到了一起，下属也不会觉得突兀。

第三，寻找共同点。

有时候聊着聊着，难免会有话题内容枯竭的时候，管理者要学会主导沟通气氛，寻找和聊天对象的共同点。如公司里来了一个新同事以后，管理者可以说：“你知道新来的××和你是老乡吗？”下属自然会询问有关新同事的一些情况，这时管理者可以巧妙地插入一句：“其实我也和你们是老乡”，这样既能给聊天注入一些意外惊喜的元素，还能够用相同的地域文化拉近彼此的感情。反之，如果管理者生硬地开场就会很尴尬，比如：“我听说你是××的人，我也是。”这样的聊天方式下属基本上没有谈论的空间，只能产生更多的冷场。

第四，多用讲故事的方式。

现在网络上流行的段子很多通过故事的形式传播，受众很乐于接受，其实在聊天中“故事”也是很受欢迎的。管理者和下属聊天时，不妨将一些本来趣味性不大的话题包装成故事的形式，这样能够收到更好的聊天效果。比如，管理者可以拿办公地点作为话题：“你知道咱们这个楼建之前是什么地方吗？你绝对不会想到。”用办公地点作为话题引申点，比较合理自然，接着引入茶余饭后的聊天内容中，下属会认为你真的是抱着闲聊的目的接近他，一定程度上会减轻下属的紧张感。

其实，在互联网时代，人与人之间是不缺话题的，特别是面对年轻的下属，管理者可以从各个角度切入话题，通过闲聊拉近关系，发现下属工作之外的某些性格和行为特征，将这些信息录入脑中，就可以对团队成员分门别类，日后在安排工作、下达指令和处理纠纷时，这些信息就有了用武之地，能够全面提升管理者的沟通能力和管理水平，将全团队的人心充分激活，引导下属为共同利益而努力奋斗。